Research on the Development Path of
Characteristic Industrial Cluster around Chaohu Lake

环巢湖特色产业集群发展路径研究

赵 祺 著

中国科学技术大学出版社

内 容 简 介

本书首先归纳了环巢湖区域出现的四种产业集群类型，重点分析了草根型产业集群的"自制自造"机制、市场型产业集群的"跟随"机制、核心企业推动型产业集群的"共生"机制和服务业型产业集群的"市场驱动"机制。接着，以环巢湖产业集群中具有典型性的中垾锚链产业集群为研究对象，阐述了产业集群形成、快速成长、成熟、更替四个阶段的特征及规律，并对中垾锚链产业集群的发展阶段进行了划分，指出了现阶段集群由快速成长向成熟阶段过渡期间所面临的问题。随后，对这些问题进行分析并做层次排序，找出其中最主要的问题，借鉴对国内外其他发展较成熟的四个锚链产业集群发展的经验，找出解决这些问题的方法。最后对中垾锚链产业集群的发展给出了战略规划，探讨从企业与政府视角促进中垾锚链产业集群从快速成长向成熟阶段过渡的战略、制度安排和政策措施。

本书可供高校相关专业研究生及相关领域研究人员参考使用。

图书在版编目(CIP)数据

环巢湖特色产业集群发展路径研究/赵祺著. —合肥：中国科学技术大学出版社，2024.6

ISBN 978-7-312-05068-8

Ⅰ.环… Ⅱ.赵… Ⅲ.产业集群—区域经济发展—研究—合肥 Ⅳ.F127.541

中国版本图书馆 CIP 数据核字(2020)第 185817 号

环巢湖特色产业集群发展路径研究
HUAN CHAOHU TESE CHANYE JIQUN FAZHAN LUJING YANJIU

出版	中国科学技术大学出版社
	安徽省合肥市金寨路 96 号,230026
	http://press.ustc.edu.cn
	https://zgkxjsdxcbs.tmall.com
印刷	安徽省瑞隆印务有限公司
发行	中国科学技术大学出版社
开本	710 mm×1000 mm 1/16
印张	9.25
字数	151 千
版次	2024 年 6 月第 1 版
印次	2024 年 6 月第 1 次印刷
定价	50.00 元

前　　言

在发达国家,产业集群已十分普遍和成熟,基于产业集群形成的集群经济早已成为区域经济的重要组成部分。改革开放以来,我国的长三角、珠三角等沿海发达区域,具有高度集聚化和专业化特征的产业集群不断崛起,产业集群的发展壮大成为这些地区经济发展的一大亮点和主要推动力。同时,作为一种成功的产业组织形式,近年来,产业集群成为我国学术界研究的热点,但仍缺少对我国中部乡镇型产业集群发展的研究。

本书在充分借鉴前人研究成果和实践调查的基础上,首先归纳了环巢湖地区出现的四种产业集群类型,重点分析了草根型产业集群的"自制自造"机制,市场型产业集群的"跟随"机制,核心企业推动型产业集群的"共生"机制和服务业型产业集群的"市场驱动"机制。接着,以环巢湖产业集群中具有典型性的中垾锚链产业集群为研究对象,阐述了产业集群形成、快速成长、成熟、更替四个阶段的特征及规律并对中垾锚链产业集群的发展阶段进行了划分,指出现阶段集群由快速成长向成熟阶段过渡期间所面临的问题。随后,运用层次分析法对这些问题进行了分析并做了层次排序,找出其中最主要的问题是产品同质化现象严重、未能抓住良好机遇、内部制度不健全、市场竞争激烈和融资困难等,通过对国内外其他发展较成熟的四个锚链产业集群发展经验的借鉴,找出解决这些问题的方法。最后运用SWOT分析对中垾锚链产业集群的发展给出了战略规划,探讨从企业与政府视角促进中垾锚链产业集群从快速成长向成熟阶段过渡的战略、制度安排和政策措施。

本书为 2019 年安徽省社会科学创新发展研究课题（项目编号：2019CX085）、巢湖学院工商管理校级重点建设学科（项目编号：kj20zdjsxk01）、2019 年度巢湖学院学术著作出版资助项目（项目编号：XXY-201903）的成果。

赵 祺

目 录

前言 …………………………………………………………………………（i）

第一章　绪论 ……………………………………………………………（1）
第一节　研究背景 ……………………………………………………（1）
第二节　研究目的和意义 ……………………………………………（4）
第三节　研究方法 ……………………………………………………（5）
第四节　创新之处 ……………………………………………………（6）

第二章　产业集群及其发展阶段已有研究成果述评 …………………（8）
第一节　产业集群研究理论基础 ……………………………………（8）
第二节　研究概况 ……………………………………………………（12）
第三节　产业集群的概念 ……………………………………………（14）
第四节　产业集群发展阶段研究概述 ………………………………（17）

第三章　环巢湖特色产业集群发展现状分析 …………………………（19）
第一节　环巢湖特色产业集群总体概况 ……………………………（19）
第二节　环巢湖产业集群分类 ………………………………………（22）

第四章　中埠锚链产业集群发展现状分析 ……………………………（57）
第一节　中埠镇概况 …………………………………………………（57）
第二节　中埠锚链产业集群现状 ……………………………………（60）
第三节　中埠锚链产业集群发展中存在的问题 ……………………（68）

第五章　中埠锚链产业集群发展阶段分析 ………………………………（82）
　　第一节　产业集群生命周期 …………………………………………（82）
　　第二节　产业集群各发展阶段的主要特征及战略应对 ……………（86）

第六章　中埠锚链产业集群的层次分析 ……………………………（101）
　　第一节　层次分析法概述 ……………………………………………（101）
　　第二节　制约中埠锚链产业集群发展的指标体系 …………………（107）
　　第三节　问卷的设计和数据的收集 …………………………………（109）
　　第四节　中埠锚链产业集群发展制约因素的层次分析 ……………（111）

第七章　中埠锚链产业集群发展战略与对策研究 …………………（117）
　　第一节　国内外锚链产业集群的比较分析 …………………………（117）
　　第二节　中埠锚链产业集群发展的 SWOT 分析 ……………………（124）
　　第三节　中埠锚链产业集群持续发展的建议 ………………………（131）

第八章　结论与展望 …………………………………………………（139）

参考文献 ………………………………………………………………（141）

第一章 绪 论

第一节 研究背景

当今世界,全球化的经济发展趋势和本地化的产业集群相辅相成。一方面,随着交通与通信技术的迅猛发展,世界范围内贸易和投资自由化不断推进,加速了生产要素、知识和信息的跨国界流动,减少了运营的单位成本,使社会财富蕴藏在流动的空间之中。另一方面,各地争相吸引投资,争夺附加值高的经济活动,区域竞争加剧,经济资源的集中趋势越来越明显,无论国家之间还是一国之内,经济发展都呈现高度非均衡的状态,产业集群已经成为区域参与全球竞争的重要力量。国家和区域的竞争力表现为对各种流动财富的吸引力和利用这些财富创造新价值的能力。作为微观经济主体的企业,明显地扩大了迁移的范围,加快了迁移的速度,不断地向更有利于自身发展的地区移动,并往往集中发展。如此一来,在经济发展过程中某些产业的资本、劳动力、技术和企业家集中于某一地区,许多相关企业和机构融合成为一个内部组织丰富而成熟,且成长能力极强的整体,即产业集群。

从19世纪末英国经济学家马歇尔生活的年代算起,产业集群已经存在了一个多世纪。然而长期以来国内外学术界对产业集群一直没有给予足够的重视。直到20世纪70年代末,以英国为代表的西方发达国家的传统产业开始衰落,意大利的中部和东北部地区(通常被称为"第三意大利")许多传统产业却表现出惊人的增长势头。在这个地区,大量中小企业以"柔性专业化"(Flexible Specialization)增强产业竞争优势,在增加地区就业机会以及促进出口贸易增长等方面发挥出了重要的作用。以高新技术企业为主的美国硅谷地区更是创造了经济神话,成为世界高新技术产业发展的成功典范。在其他国家(尤其在欧洲地区)也相继出现了大量的产业集群。产业集群的出现及其出色的经济效益逐渐引起学术界的关注。真正把产业集群推向更高地位,并对产业集群研究产生深刻影响的学者要数美国哈佛大学的波特教授,他通过对9个发达国家部分具有国际竞争力的产业进行分析,发现相关产业在地理上的集聚是产生国际竞争优势的重要原因,并在此基础上构建了著名的"钻石模型"。

产业集群的研究进展在很多国家和地区产生了广泛且深刻的影响,成为经济地理学、经济学、管理学以及社会学等学科的研究热点问题之一,并引起决策部门和产业规划部门的极大兴趣。联合国工业发展组织和经济合作与发展组织极力提倡并推广产业集群战略。1994—1999年,联合国工业发展组织先后在中北美洲的墨西哥、洪都拉斯、尼加拉瓜和牙买加等发展中国家对中小企业集群和网络的发展进行了技术援助,旨在推动后进地区的工业化进程和区域经济发展。2001—2002年,法国地域规划与区域行动代表团和经济合作与发展组织共同组织了两届产业集群国际大会,比较并交流世界各国各地区的产业集群发展经验。产业集群战略在不少地区正成为新的工业发展政策。

目前,产业集群已成为世界经济的一个重要现象,世界各国有许多产业集群取得了令人瞩目的成功。如表1-1所示,比较典型的产业集群有美国硅谷的高科技产业集群、"第三意大利"的传统产业集群和日本的产业集群等。国内方面,以江苏的"苏南模式"、浙江的"块状经济"、上海的产业集群为主要代表。

表1-1 世界部分国家的典型产业集群

国　　家	典　型　产　业　集　群
美国	硅谷和波士顿128公路微电子产业集群、纽约玛第森大街广告业集群、明尼阿波利斯医学设备产业集群、加利福尼亚的娱乐业集群和葡萄酒业集群、达尔顿地毯业集群、马萨诸塞制鞋业集群、底特律汽车制造业集群、克利夫兰油漆和涂料业集群、纽约华尔街金融投资集群

续表

国　家	典　型　产　业　集　群
德国	索林根刀具业集群、斯图加特机床产业集群、巴登-符腾堡机械业集群、纽伦堡制笔业集群、图特林根外科器械产业集群、韦热拉光学仪器产业集群、普福尔茨海姆珠宝业集群、汽车零部件制造集群、海德堡印刷机制造业集群
法国	里昂生物工程产业集群、波尔多和图卢兹航空航天产业集群、巴黎医药产业集群和软件系统产业集群、以蓝色海岸各城市为中心的通信产业集群、布雷勒河谷香水玻璃瓶业集群
意大利	萨梭罗镇瓷砖业集群、艾米利亚罗马格纳纺织产业集群、普拉特羊毛业集群、阿鲁依纳瑙皮革业集群、卡驼莱眼镜业集群、威尼斯玻璃器具业集群、卡斯泰尔戈弗列多照明设备集群
日本	和里工业产业集群、京滨工业产业集群
英国	剑桥高新技术产业集群、北部地区制造业集群
瑞士	巴塞尔制药业集群
印度	路德海阿那金属加工和纺织工业集群、提若普尔棉针织业集群、苏拉特钻石加工业集群、班加罗尔电子软件业集群、阿格拉鞋业集群
加纳	库马西地区汽车配件制造业集群
巴西	西诺斯谷地区制鞋业集群
巴基斯坦	锡亚尔科特外科手术器械集群

目前，我国越来越多的地区希望借助产业集群发展区域经济，其中有的取得了成功，有的则遇到了失败。学界对政府在产业集群形成和发展中的作用也有较大的争议。怎样促进产业集群的发展和保持其竞争优势成为学界和政府共同关心的问题。

20世纪90年代以来，在安徽省中部环巢湖地区，逐渐形成了一些产业集群，经过多年的建设，环巢湖地区的工业化水平有了很大的提升，工业发展速度不断加快，经济面貌逐渐改变。环巢湖地区的产业集群经过多年积累，虽已具备相当的发展基础，但是与东南沿海地区如江苏、浙江、上海、福建、广东相比，仍然有较大差距。产品在国内市场很难形成品牌效应，市场地位较低，在当地经济中所占比重不高，产业链短，关联不够紧密，均处于低水平阶段。

位于巢湖市中垾镇的锚链产业集群是环巢湖地区典型的产业集群，该产业集群于 20 世纪 80 年代形成,目前已初具规模,并逐渐成为环巢湖地区的支柱产业。然而,由于集群内产业链不完整、自主品牌意识缺乏、技术薄弱、管理人员素质不高、企业资金短缺等因素制约,以锚链生产为基础的中垾锚链产业集群一直未能找到进一步发展的契机,在与江苏、广东等地的锚链产业集群竞争时,也不具备明显优势。以一种寻求"凤凰涅槃"的精神对自身进行研判、剖析和反思,对现阶段的环巢湖中垾锚链产业集群而言至关重要。

第二节 研究目的和意义

一、研究目的

学界对产业集群已有充分研究,国内学者大都有选择地针对广东、浙江等经济发达省份的产业集群进行研究,针对安徽省产业集群的研究较少,未能揭示和总结具有中部特色乡镇的产业集群发展规律和经验。

我国的现实国情是国内产业集群发展阶段各不相同,不同发展阶段的产业集群的运行规律及面临问题也不一样,并且产业集群发展每个阶段都会遇到影响产业集群进一步发展的因素。因此,本书首先对环巢湖中垾产业集群的发展阶段进行划分,并总结出每个阶段的特征及面临的问题;然后对现阶段面临的主要问题进行层次分析,找出主要问题,并借鉴国内外发展较成熟的产业集群发展经验,提出解决策略,实现环巢湖中垾锚链产业集群的持续健康发展。

二、研究意义

(一)理论意义

本书在梳理前人研究成果的基础上,通过对环巢湖地区产业集群的分类研究,探索产业集群内在规律和问题,丰富和完善产业经济学、区域经济学、城市经济学等学科理论,特别为拓展产业集群理论的研究方面打下基础。

(二)实践意义

本书通过对各种类型产业集群产生、发展机制的研究和分析,厘清产业集群的发展规律,找出环巢湖产业集群发展过程中存在的问题。一方面,为政府制定环巢湖产业集群发展规划提供参考依据。另一方面,为企业降低成本,增加效益,提高可持续竞争力提供建议。

本书深入研究了具有环巢湖产业集群典型特征的中垾锚链产业集群,对集群现阶段发展中存在的问题进行层次分析,找出其中主要问题,并借鉴国内外一些发展较成熟的锚链产业集群的发展经验,对存在的问题提出解决方案,最后用SWOT分析对中垾锚链产业集群的发展进行战略规划。

第三节 研究方法

本书采用的研究方法有:

一、实地调研法

产业集群易受制度、地域等因素影响,因此,要理清各种类型产业集群的内在机制,探索其发展规律,必须通过实地考察调研,获得第一手资料,总结出一般性规律。

二、文献分析法

文献分析法是研究问题的基本方法,是在前人研究成果的基础上对某个问题继承—吸收—再升华的螺旋式推进过程。笔者查阅了近年来政府的相关规划、政策和文件,翻阅了相关中外专著及前沿性论文,参阅了各类涉及相关主题的报刊等原始资料,同时,对一些具有争议性的问题和资料进行推敲,再三思考,反复锤炼,力求使问题的研究更具系统性、实用性和科学性。

三、案例分析法

本书在分析各类产业集群概念、源起和生成机制的基础上,选取了几个有代表性的案例进行分析,使本书的研究更具实际意义。例如,草根型产业集群——槐林渔网渔具产业集群,市场型产业集群——高沟镇电缆产业集群,核心企业推动型产业集群——江淮汽车制造及零部件产业集群,服务业型产业集群——环巢湖旅游业集群。

四、模型分析法

本书选择具有环巢湖产业集群典型特征的中垾锚链产业集群进行研究,综合运用产业经济学、管理学、营销学等学科的理论知识进行多学科的综合交叉分析,在对产业集群已有理论进行梳理的基础上,对中垾锚链产业集群的发展阶段进行划分,指出其在现阶段面临的主要问题,并运用层次分析法对这些问题进行分析,找出其中最主要的一些问题,然后根据研究结果制定相应的发展战略、规划以及对策等。

第四节 创 新 之 处

本书的创新之处在于:

一方面,将环巢湖产业集群分为四种类型,即草根型产业集群、市场型产业集群、核心企业推动型产业集群、服务业型产业集群。针对每种产业集群详细分析其源起和生成机制,并选取有代表性的案例进行剖析,力求做到规范研究和实证研究相结合。

另一方面,对环巢湖中埠锚链产业集群的发展过程进行阶段性划分。用层次分析法对环巢湖中埠锚链产业集群在目前发展阶段存在的问题进行排序,找出主要问题,并通过借鉴国内外锚链产业集群发展成功的经验,为其找出解决方案。运用SWOT分析对中埠锚链产业集群进行了分析,为其进行了战略规划。

第二章 产业集群及其发展阶段已有研究成果述评

第一节 产业集群研究理论基础

产业集群理论在国家创新系统论、发展经济学、新制度经济学基础上发展而来,不仅与古典经济学、传统地理学和古典区位论等理论有很大的联系,更因吸收了新经济地理学、管理学、新古典经济学等理论而日臻完善。可以说,在产业集群理论的形成过程中,吸收了这些理论成果的精髓,是众多学科相互交叉融合的结果。值得注意的是,在这些与产业集群相关联的理论中,马歇尔外部经济理论、韦伯工业区位理论以及波特新竞争优势理论,对于产业集群理论的发展尤为重要。

一、马歇尔外部经济理论

19世纪末的著名经济学家马歇尔是第一个较为系统地对产业集群现象进行研究的人。他基于对英国工业生产地理集聚现象的研究,把专业化产业集聚的特定地域称作"产业区"。

马歇尔认为,产业区是中小企业集聚的地区,区域内创新气氛十分浓郁,新工艺、新思想能很快被接受和传播,各个中小企业之间形成一个既有效竞争又合作交流的网络,如图 2-1 所示,图中实线圈内为马歇尔区。他认为"产业区"有 6 个方面的特征:① 具有与当地社区同源的价值观系统和协同的创新环境;② 生产垂直联系的企业群体;③ 最优的人力资源配置;④ 不完全竞争市场;⑤ 竞争与合作并存;⑥ 富有特色的本地金融系统。马歇尔把地方性工业在产业区的集聚归结为企业追求外部规模经济,即企业层面的规模报酬不变、社会层面的规模报酬递增,在外部规模经济这一重要理论假说的引导下,马歇尔分别从三个方面论述了集群现象产生的原因:① 能够提供一个专业技术工人共享的劳动市场;② 专业性附属行业的成长;③ 技术的外溢。

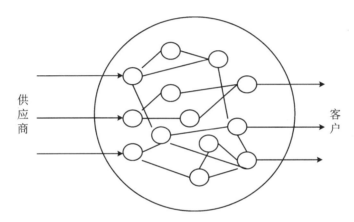

图 2-1　马歇尔产业集群示意图

马歇尔从新古典经济学的角度,通过对工业组织的研究,从而间接得出了企业为了追求外部规模经济而集聚的结论,马歇尔的最大贡献是他发现了一种产生集群的"空气"——协同创新的环境。当然,马歇尔的理论也存在着诸多缺陷。例如,没有考虑企业成长和企业迁入、迁出等动态区域发展因子的变化,过分强调地方垄断优于竞争,从而忽视了区域产业组织的外部联结与创新。再者,19 世纪末 20 世纪初的产业区往往出现在较大城市或城镇中,随着交通和新型通信技术的发展,现在一些新兴产业集群已经开始在小城镇或者城市远郊出现。

二、韦伯工业区位理论

德国经济学家韦伯是近代工业区位理论的奠基人,他试图寻找工业区位移动的规律,把影响工业区位的经济因素称为区位因素,所有的区位因素可以进一步分为区域因素和位置因素。韦伯认为实际对区位起作用的区域因素主要是运输成本(运费)与劳动成本(工资),而实际上对区位起作用的位置因素包括集聚因素和分散因素。韦伯在研究运输、劳动力成本的区位选择时,强调集聚经济的作用。他认为,企业通过集聚能够获得在分散状态下难以取得的经济效益。也就是说,集聚产生的系统功能大于在分散状态下各企业所实现功能的总和。在微观角度上,韦伯认为产业集聚可以直接节约企业的成本;在宏观角度上,韦伯分析了"社会集聚"的作用。在他看来,所谓"社会聚集",就是若干工厂紧密地聚集在一起所产生的联合优势。这种联合优势体现为"若干工厂的地方集结易于产生大工厂所具有的长远利益"[①]。

韦伯的理论重点研究了影响特定产业的区位分布和迁移的因素,对研究产业集群竞争力的形成有很大的启示作用。严格来说,韦伯的工业区位理论属于区域经济学的范畴,是以空间为研究范围或研究对象,分析经济活动在空间上的特征与规律。由于空间理论和区域经济学在研究方法和研究范式上与主流经济学有较大差异,所以,在相当长的时间内,这些理论没有引起主流经济学家的关注,基本上被排斥在主流经济学之外。

韦伯工业区位理论的主要缺陷在于:① 他所确定的需求分布、运输成本和距离之间的关系等假设不符合现实。② 他把工业分为生产原料和直接生产最终产品的工业,这与今天的情形已大相径庭。在今天的工业生产中,生产原料工业产品的行业只是一小部分,多数是生产半成品性质的中间产品,所以工业地理集中的指向就不像韦伯所确定的那样,许多工业在区位上并不靠近原料产地,而是集中在远离原料和需要经过长途运输的地方。此外,由于技术的发展和新产品、新产业的不断涌现,不同产业产品的附加值有巨大差别,交通运输成本的差异已不像以前那么重要。③ 韦伯对集聚的研究脱离了一切制度、社会、文化、历史因素,单纯从资源、能源的角度加以考察,存在一定的片面性。

三、波特新竞争优势理论

从1990年开始,波特以及后来的一些学者把竞争力的内涵引入到区域经

---

① 阿尔弗雷德·韦伯.工业区位论[M].北京:商务印书馆,1997.

济和国家经济的研究中,并在这些研究中讨论经济活动在地区的集聚现象,以波特为代表的竞争力理论对产业集群研究的发展做出了巨大的贡献。自波特之后,关于产业集群的学术成果的数量与日俱增。

波特在其著名的国家竞争优势理论中指出,国家竞争力取决于产业创新和升级的能力,产业国际竞争优势通过一个高度本地化的过程产生并持续发展,他用"钻石模型"(Diamond Model,见图 2-2)解释了国家为什么能在产业的国

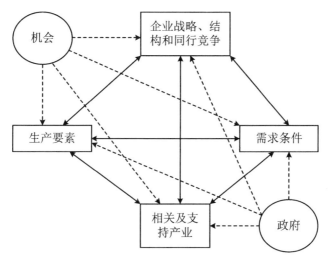

图 2-2 波特的"钻石模型"

际竞争中取得竞争优势。① "钻石模型"的构架主要由四个基本的要素——生产要素;需求条件;相关与支持性产业;企业的战略、结构与同业竞争,以及两个附加要素——机会和政府组成。各个要素发挥作用时,是一个动态系统性机制的变化。波特强调,"钻石模型"是一个动态的系统,只有在每一个要素都积极参与的条件下,才能创造出企业发展的环境,进而促进企业投资和创新。因此,地理集中是必要条件。地理集中造成的竞争压力可以提高国内其他竞争者的创新能力,但更重要的是地理集中形成的产业集群使四个基本要素整合成一个整体,从而更容易相互作用和协调提高,形成产业国家竞争优势。波特在其竞争优势理论中指出,国家竞争优势的获得,关键在于产业的竞争,而产业的发展往往是在国内几个区域内形成有竞争力的产业集群。

---

① 迈克尔·波特.国家竞争优势[M].李明轩,邱如美,译.北京:华夏出版社,2002.

波特在提出"产业集群"概念时,进一步讨论了"钻石体系"与产业集群之间的关系。他强调,"钻石模型"的基本目的就是"推动一个国家的产业竞争优势趋向集群式分布,呈现由客户到供应商的垂直关系,或由市场、技术到营销网络的水平关联"。产业群集具有正的"外部效应",可以放大和加速国内市场竞争时生产要素的创造力,进一步凝聚国家竞争优势。此外,波特认为,产业集群与竞争的关系表现在三个方面:① 产业集群内的企业通过在群内的生产力对群外企业施加影响;② 集群内的企业通过采取低成本地进行技术创新为将来的发展奠定了基础;③ 集群的环境有利于新企业的产生和集群规模及影响的扩大。因此,产业集群能够提高企业的竞争力。

波特的竞争优势理论过分强调国家和区域政府在产业国际竞争中的作用,并把复杂的经济活动因素简单地构造成四个基本的要素,而且忽视了跨国的贸易活动对"钻石模型"的影响。波特本人对产业集群边界的准确定位存在疑问,认为集群的边界很少符合标准的产业分类体系,这就导致无法掌握竞争中以及跨行业联系中许多重要的参与者。由于一个集群中只有部分归为传统的产业或服务类别,这就使得一些重要的集群变得模糊不清或不能识别。但是,波特的竞争优势理论以及对产业集群的论述还是存在非常重要的理论和实践意义,并成为很多国家或地区政府规划设计本国或本地产业集群的主要理论依据。

第二节 研 究 概 况

目前,国内对产业集群的研究多专注于从经济学角度揭示产业集群的静态效率优势,如外部规模和范围经济、交易成本节约、知识外部性等。中国社会科学院工业经济研究所所长吕政对产业集群的优点有过精辟概括,他指出:在产业集聚的过程中,相关企业会按照产业链需求,根据利润率变化,形成相对完整的配套分工,甚至构建起很高的社会化协作体系。在这样一种体系中,企业的原材料、设备的采购半径大大缩小;专业集市开始发育,买家数量增加,企业的销售环节和营销成本减少。同时,众多同类企业需要面对共同的市场,研究相关的信息,开发同类的产品,这种同行间更为激烈的竞争,成为技术进步的动力。

国内产业集群相关研究中,北京大学王缉慈教授最早将产业集群理念介绍到中国学术界。1994年,王缉慈教授开始对我国开发区发展中存在的问题进行探讨,并在同年出版的《现代工业地理学》一书中介绍了新产业区的概念,同时结合国内各区域发展的实际进行了实证分析与探讨。王缉慈教授的《创新的空间:产业集群与区域发展》①一书在对国内外最新产业集群理论进行深入研究的基础上,剖析了最典型的区域实例,如美国硅谷、第三意大利、印度提若普尔地区等,并对我国传统产业区、新兴工业区域及智力密集型区域中的代表性区域进行了细致的调研。该书具有较高的理论价值和实际价值。

李小建教授发表文章,就新产业区的来龙去脉进行阐述,提出从区域的形成时间、规模部门结构、联系程度和根植性等方面对新产业区进行判别。②

李勇在充分吸收波特国家竞争力理论基础上,进一步认为产业集群的机构稠密性、根治性、创新能力、战略定位、文化和制度特征六个方面是构成产业集群竞争力的关键因素。③ 陈雪梅等认为产业集群竞争力是集群内三个层面竞争力的综合。企业层面的竞争力来源于集群内所有企业的管理和技术进步以及经营条件和生产设备的提升;集群层面的竞争力主要包括集群外部经济以及集群内企业的联合行动、相互信任的提升;国家层面的竞争力源于政府的一般调控(宏观经济状况、管制和政策框架)和特殊调控(金融服务和非金融服务)。④

浙江省社会科学院葛立成教授认为,产业在地理上的集中与城市化进程之间存在着不可忽视的联系。⑤ 他把产业集聚的不同类型与城市扩张的空间特点分成以下几种类型:横向为主的产业集聚和城市的圈层式扩张;纵向为主的产业集聚和城市的单极式扩张;纵向为主的产业集聚和城市的区块式扩张;纵向为主的产业集聚和城市的珠串式扩张。

---

① 王缉慈. 创新的空间:产业集群与区域发展[M]. 北京:北京大学出版社,2001.
② 李小健. 新产业区与经济活动全球化的地理研究[J]. 地理科学进展,1997(09):19-23.
③ 李勇,史占中,屠梅曾. 促进发展中国家企业集群形成的政策选择[J]. 经济问题探索,2004(03):38-41.
④ 陈雪梅,张毅. 产业集群形成的产业条件及其地方产业集群的政策选择[J]. 南方经济,2005(02):69-71.
⑤ 葛立成. 产业集聚与城市化的地域模式:以浙江省为例[J]. 中国工业经济,2004(01):56-62.

陈雁认为,产业集群主要通过发挥产业集聚效应来推动城市群的发展,而城市群市场的发育程度、制度创新能力及城市发展规模因素等又对产业集群效应产生反馈作用。因此,必须寻求城市群与产业集群发展之间的耦合性,促进城市经济与产业经济乃至整体经济的长远发展。①

目前国内对中小企业集群的研究,主要集中在经济发达的江浙与广东一带。形成了以浙江大学为中心,主要依靠对浙江特色民营经济的实地调研,再从经济学、管理学角度研究的学术"集群"。江浙学者从区域经济、非正式制度等方面进行了一些探讨,广东学者则更着重于从企业网络或企业家网络的角度来研究企业集群,同时也强调企业家创新精神在发展中的重要作用。还有一些学者提出从生态学的角度来研究中小企业集群和从产业集群演变特征角度来研究。我国学者在研究国内产业集群理论与实践的过程中,尽管能够跟踪国际理论研究前沿,并结合具体的区域实践来分析,但在研究中仍存在一些问题尚待解决,如国内尚未形成完整的产业集群理论体系,而且在研究过程中所采用的研究方法也处于尝试与探索阶段。

第三节 产业集群的概念

目前学界对"产业集群"有多种称谓,例如产业群(Industrial Cluster)、地方企业集群(Local Cluster of Enterprises)、地方生产系统(Local Production System)、区域集群(Region Cluster)、地方创新环境(Local Inovation Milieu)、区域创新系统(Region Inovation System)等。这些词语的定义和内涵因为研究目的和研究视角的不同而不尽相同,而且涉及集群的多种形式(见表2-1),但就其本质而言是具有一致性的。因此,本书将统一使用"产业集群"一词。

目前在学界较为认同波特(1998)对产业集群的定义。波特认为产业集群是指某一特定产业中,大量联系紧密的企业以及相关的支撑机构在空间上的集

---

① 陈雁,吴海贤.产业发展对环境的影响及其经验借鉴[J].特区经济,2011(07):272-274.

聚,并形成强劲、持续的竞争优势的现象,即在某一特定领域内互相联系的、在地理位置上集中的公司和机构集合。除了波特对产业集群的定义外,具有代表性的产业集群定义还有以下几种。

表2-1 产业集群及其相关概念一览表

概　念	含　义　和　特　征
产业集群	由商业企业集团和非商业组织构成的集团,集团内的成员存在是其他任何成员企业的个体竞争力的一个重要因素。支撑集群集结的是"供销关系",以及共同的技术、共同的顾客或分销渠道,或共同的劳动力市场
区域产业集群	构成要素分享共同的区域位置的集群,在这里"区域"可以定义为都市圈、劳动力市场或其他功能的经济单元
潜在产业集群	相关的支撑性企业和组织,如果有额外的核心要素、企业间的相互联系或关键的联系部门,会获得一些以上各定义所具有的集群效应
价值链产业集群	一个"价值链集群"就是通过扩大的投入-产出或供销链构成一个"产业集群"。链条上包括最终市场生产者以及第一、第二、第三个直接或间接参与贸易的供应商,这是由多个产业部门构成的。而"产业集群"是"一个通过物资流和服务流连接的各产业子集,相互间的联系强于与国民经济中其他部门的联系"
企业集群	在某一特定产业形成相互联系的公司与机构在地理位置上的集聚
马歇尔产业区	一个地理上高度集中的企业集团,任何工作直接或间接面向共同的最终市场,分享价值和知识已成为一种文化环境,彼此的联系是复杂的竞争和合作混合关系。竞争源泉是企业间的诚信、团结和合作
产业综合体	通过重要的物资流和服务流连接的多个产业构成的集团,此外,在地域模式上表现出高度的相似性
创新环境	不是一个企业或区域集团,而是一个"能产生协同过程的综合体",由经济或技术上相互依存的一个组织或一个复合系统,在其边界内的生产系统、技术文化上和各主体连接成为一个紧凑的整体
新产业区	大量专业化中小企业在集聚过程中生成的"柔性生产综合体",其识别标志为区域网络和根植性

罗拉兰特和赫托格(1998)对产业集群的定义是:为了获取新的互补技术,从互补资产和知识联盟中获得收益,加快学习过程,降低交易成本,克服或构筑市场壁垒,取得协作经济效益,分散创新风险,相互依赖性很强的企业(包括专业供应商)、知识生产机构(大学、研究机构和工程设计公司)、中介机

构(经纪人和咨询顾问)和客户通过增值链相互联系形成网络,这种网络就是集群。

国内产业集群研究专家王缉慈(2001)认为,产业集群就是"一组在地理上靠近的相互联系的公司和关联的机构,它们同处于一个特定的产业领域,由于具有共性和互补性而联系在一起"。

仇保兴认为产业集群由一群彼此独立自主但相互之间又有着特定关系的小企业组成。在这种特定关系中隐含着专业化分工和协作现象,即企业集群中企业间的互为行为。互为行为包括小企业间的交换和适应。集群中存在企业间的互补与竞争关系。信任和承诺等人文因素维持集群的运行并使其在面对外来竞争时拥有独特的竞争优势。

结合以上国内外学者对产业集群的定义,本书认为产业集群应该包括以下三层含义:

第一,产业集群最重要的特点是企业和机构在地理上的集中,企业之间在地理上是接近的,并且具有互补性,能够产生协同效应。企业在地理位置上的接近,并不仅仅产生协同效应,还会产生竞争效应,这为集群内的创新活动提供了动力。笔者认为,不具备这一特点的企业聚集体不能称之为产业集群。

第二,产业集群竞争力的提升与政府提供基础设施和政策支持有关,在产业集群形成的初期,政府的行为是至关重要的。政府行为对产业集群竞争力的影响也是本书论述的重点。

第三,产业集群的成员包括企业,也包括其他中介和服务机构。集群内的企业也没有规模上的限制,可以是中小企业之间的集聚,或是大企业与中小企业的集聚,或是大企业之间的集聚。组成产业集群的企业和机构必须具备产业上的相关性,它们或者从事相同产业,或者有的从事主导产业,有的从事辅助或支撑产业,有的提供运输或中介、咨询服务。

第四节 产业集群发展阶段研究概述

一、国外关于产业集群发展阶段的研究

国外关于产业集群发展的研究可以分为两类。一类是对集群发展各阶段特征的研究。从集群生命周期的角度描述产业集群诞生、发展和衰亡的过程,认为产业集群的蓬勃发展来源于自身持续的竞争能力,取决于创新的速度。同时,产业集群萎缩和衰亡的原因可以归纳为两种类型:① 集群内部的僵化。例如,惰于升级或因应改变,以及集体思维的惯性,最终致使生产力和创造力的降低。② 集群外部环境持续发展。例如,客户需求的改变,形成对产业集群生产力和创新力的外部威胁。还有一些学者针对不同地区或国家的集群发展情况进行了经验研究,描述出集群发展不同阶段的典型特征。另一类是对集群发展演进机制的研究。阿霍坎加斯等学者以演化理论为基础,分析产业集群产生、发展和衰亡的过程和机制。格拉伯赫重点研究了产业集群发展中的锁定(Lock-in)效应,并将其分为功能锁定、认识锁定和政治锁定。

以上第一类研究能帮助我们对产业集群发展所处阶段做出判断,值得注意的是,这种判断更多意义上具有"事后判断"的特点,所谓的周期划分,也是在缺乏明确的阶段标准的前提下做出的事后划分,自然"事前指导"的作用就较为有限。第二类研究在强调阶段特点的同时,更多地侧重对集群发展"连续性"的研究,试图揭示集群发展的机制,这种动态演进的视角有利于我们更加细致地把握集群发展轨迹。

二、国内关于产业集群发展阶段的研究

当前国内针对产业集群的不同发展阶段来进行理论研究的主要有北京大学的王缉慈、盖文启、魏守华等人,以及中国地质大学的刘志高。北京大学王缉

慈教授根据区域创新网络演进过程将集群发展阶段划分为网络形成、网络成长与巩固、网络逐渐根植三个阶段。在集群发育初期，产业逐渐聚集成群，随着集群企业之间不断的细化分工，交易频率增加，协作关系进一步密切以及企业之间信任度的增加，各行为主体、企业逐渐建立起紧密的联系关系集形成网络。随着网络的成长，企业之间的协同力更为强大，促进集群内创新的发生，集群竞争力和竞争优势凸显，促使集群成熟。

魏守华根据集群竞争优势的发展将集群发展阶段分为发生、发展和成熟三个阶段。他认为，在集群发生阶段，其动力主要是地域分工和外部经济，集群主要表现形式是专业化生产；在发展阶段，集群成长动力主要来自社会资本优势，以及竞争合作效率；集群成熟阶段的主导动力源自集群内知识与技术创新以及高等生产要素的合作效率。

刘志高则提出不同的看法，认为集群发展可能走向衰弱和消失，在他提出的集群阶段论中，他将集群划分为探索阶段、发展阶段、巩固阶段、成熟阶段、停滞阶段、更替或复苏阶段等六个阶段。刘志高的这种划分充分考虑了集群演变可能经历的各种阶段，但是我们认为在集群演变过程中，并不会完全遵循这种演变规律，集群的更替、停滞在发展阶段就可能出现，同样集群在这些阶段可能会产生蜕变，致使集群重新步入稳步前进的快车道。

第三章 环巢湖特色产业集群发展现状分析

第一节 环巢湖特色产业集群总体概况

2013年,《合肥市城市空间发展战略及环巢湖地区生态保护修复规划与旅游发展规划》中首先使用了"环巢湖地区"这一概念。本书同时结合"环巢湖小流域"生态功能分析单元,确定环巢湖地区范围包括合肥市包河区,巢湖市市区,巢湖市槐林镇、黄麓镇、散兵镇、炯炀镇、夏阁镇、银屏镇、中垾镇、中庙街道,肥东县长临河镇,肥西县三河镇、严店乡,庐江县白山镇、盛桥镇、同大镇和高沟镇,总面积约2570平方千米,具体信息见表3-1。

表3-1 环巢湖乡镇信息汇总表

项 目		肥东县	肥西县	庐江县	巢湖市	包河区	合 计
乡镇街道（个）	全县(市、区)	18	14	17	18	9	76
	沿湖	1	2	4	8	2	17
面积（平方千米）	全县(市、区)	2205.9	2082.7	2343.7	2046.1	300.4	8978.8
	沿湖乡镇(街道)	100	151.4	346.1	610.5	96.2	1304.1
	巢湖水域	56.5	108.3	83.4	464.2	70.4	782.8
人口（万）	全县(市、区)	108.7	94.4	119.1	85.9	51.1	459.1
	沿湖乡镇(街道)	5.0	11.4	22.4	36.5	10.2	85.4

续表

项 目		肥东县	肥西县	庐江县	巢湖市	包河区	合 计
耕地面积（万亩）	全县（市、区）	181.9	165.2	172.6	117.3	12.4	649.5
	沿湖乡镇	7.8	14.5	31.9	45.3	6.2	105.6

20世纪80年代，随着乡镇企业的蓬勃发展，环巢湖的产业集群初露端倪，开始在各个乡镇区域零星布局，诸如高沟镇的电线电缆、槐林镇的渔网渔具、中埠镇的锚链等，具体见表3-2。截至2018年底，环巢湖地区约有各类产业集群16个，涉及2000家企业，集群内企业收入达1000亿元，利润总额110亿元，上缴税款60亿元。近年来，在县域经济加速发展和传统制造业转型的催化作用下，环巢湖产业集群呈现加速发展的态势，成为安徽经济发展的战略趋向之一。

表3-2 环巢湖特色产业集群

地区名称	主导产业	特色产业集群
长临河镇	农业、林业、渔业、工业、旅游业	生态旅游产业集群
中庙镇	旅游业、农业、渔业、第三产业	养老产业集群
黄麓镇	工业、教育、旅游、农业	教育产业集群
烔炀镇	工业、旅游、农业	汽车配件产业集群
柘皋镇	工业、农业、商业	服装加工产业集群
中埠镇	工业、农业、旅游业	锚链产业集群
散兵镇	工业、农业	建材产业集群
槐林镇	工业、农业	渔网渔具产业集群
盛桥镇	农业、工业、旅游业	新型材料产业集群
白山镇	农林牧渔业、工业	水产养殖产业集群
高沟镇	工业、农业	电缆产业集群
同大镇	农业、旅游业、工业	化工纺织产业集群
包河区	第三产业、制造业、金融业、旅游业	金融后台服务产业集群、会展旅游产业集群、汽车制造产业集群
巢湖市	农业、工业、旅游业	环巢湖旅游产业集群

环巢湖产业集群"滚雪球"式的扩张,大大推动了环巢湖地区经济的发展以及城市化和工业化的进程。特别是在推动县域经济发展方面,2018年,中垾镇税收达1亿元,产业集群的贡献率达90%。无为市高沟镇年财政收入7.2亿元,占全县总量的70%。槐林镇渔网渔具年出口创汇达到5000万美元,出口供货21.4亿元。

经过多年发展,安徽省的产业集群虽然有了一定的规模,但是仍然存在很多问题:

(1)管理模式落后。集群内绝大多数企业都是传统的家族式管理模式。这主要源于这些民营企业主要都是以当地农民的"凤还巢"的形式建立起来的,即农民工外出打工完成了资本的原始积累之后回乡进行力所能及的投资。这样势必会导致企业和个人、家庭乃至宗族的关系十分密切。家族式的管理模式存在种种弊端,很难适应市场经济条件下企业运作和竞争的需要。具体表现在以下几个方面:① 多数产业集群内的企业对自身的发展战略不能够很好地定位,没有认识到自己企业或者企业所在集群的优势和劣势,以及存在的发展机遇和面临的挑战;② 多数集群内企业没有建立规范健全的企业规章制度,由于相关制度的缺失,出现生产成本增加和产品质量把关不严等问题,进而导致企业整体运作效率不高;③ 集群内大多数企业缺乏应有的凝聚力,缺少对员工凝聚力、团队协作能力的培养。

(2)竞争优势不明显。环巢湖各产业集群自形成以来,不断提高区域品牌价值,扩大市场占有率,但大多数集群主要依靠低价竞争和密集营销。二者在集群形成初期发挥了极大的作用,但随着集群的发展逐渐成熟,随着产业升级,集群内各企业未能抓住良好机遇,把企业发展核心转到科技研发上来,错失产业集群升级良机。

(3)产品质量问题引发危机。由于大多数环巢湖产业集群内企业的"价格战"竞争现象较为严重,导致集群内企业主动降低成本,从而导致产品质量受到影响。产业集群内除了少数几个较大的企业以外,其余企业由于受到技术、人才、资金、设备等多方面因素的影响,质量不合格产品的数量增加,产业的快速发展难以掩饰产品质量低下的隐患。这也成为制约环巢湖产业集群发展的重要因素之一。

(4)人才配置不合理。环巢湖产业集群内企业人才较为缺乏,对于企业内部人员配置,大多数产业集群内部企业的管理人员大都来自当地,他们在这里白手起家,一步步做大做强,却始终局限于当地,眼界受限;企业内部的技术人员也大都来自当地,普遍没有很高的学历与专业水平。由于受地区发展水平限制,他们引进高层次人才较为困难,人才流失现象也较为严重。

(5) 融资困难。环巢湖产业集群内企业融资较为困难,他们的资金大部分来源于自有的资本积累与自筹资金。近年来,有关部门虽然已经开始融资贷款担保机构的建设,但是额度普遍比较小、而且进展比较缓慢,难以满足产业集群中相关企业日益增长的资金需求。目前,产业集群相关企业仍然存在着资金匮乏的情况,无法过多注入自有资金,且融资、贷款比较困难,严重制约了集群内相关企业经济发展的速度与规模,成为其难以逾越的障碍。

(6) 集群内企业未能形成良好的合作关系且同质化现象严重。产业集群内各个企业同质化现象较为严重,集群内各企业的高层管理人员各行其道,企业间很少能够形成良好的合作关系,甚至为了生存降点接单,从而导致"价格战"竞争现象严重。同时,产业集群内存在一定的低水平重复建设问题,例如生产同种产品的企业数量过多、力量分散,没有形成一定的规模效应,难以形成产业集群的优势。这种各自为政的生产经营方式导致集群内部力量分散,与市场经济企业发展集团化趋势之间存在突出的矛盾。过度的竞争严重挤压集群内企业的利润,制约集群内企业的发展。

第二节 环巢湖产业集群分类

为了加速环巢湖产业结构调整优化升级,承接新一轮的产业转移,加快环巢湖地区产业集群的发展,必须对环巢湖产业集群根据其特征、规律进行分类研究。根据产业集群的生成机制和发展特点,本书将环巢湖产业集群分为以下四种类型:草根型产业集群、市场型产业集群、核心企业推动型产业集群和服务业型产业集群。

一、草根型产业集群

（一）草根型产业集群的概念

"草根"一词是对乡土民间现象的概括，有自生自灭之义。草根型产业是土生土长于民间，围绕某一生活必需品自制自造的产业。这类产业在地理位置上集中所形成的群落，就是草根型产业集群。这种类型的产业集群的主要特点是土生土长，具有民间自发形成和发展的特征，产品供应链从属于一个产业，供应链的分离程度偏低，依靠当地的历史传统产业基础和现有资源，多数表现出传统手工业的特征，生产标准化程度低，定制化程度高。

草根型产业集群大多历史较悠久，一般根源于当地的某种传统工业，扎根于当地的文化习惯，逐渐形成一定的规模。产品生产工艺较为简单且已经成熟，市场需求弹性较大，当地人充分依托当地的某种优势资源进行产品的生产和销售。这种类型的产业集群主要由自身能动和外部推动两方面因素综合形成。特别是改革开放以后，地方政府的积极扶持和市场力量的推动，使草根型产业集群逐步发展壮大起来。

草根型产业集群的发展机制是"自制自造"，必备民间基础、市场需求和政府支持三个条件。民间基础是基础条件，指某种历史习惯和传统文化的积淀，例如，巢湖市槐林镇地处巢湖沿岸，靠湖生存，捕鱼成为当地人主要的劳动技能，家家户户都会编制渔网。市场需求是主要条件，该类型产业集群的产品生产成本较低廉，进入门槛低，且市场需求弹性较大，有利可图。当地政府的支持是辅助条件，政府要营造企业发展的良好的环境，需要制定适合产业发展的一系列政策推动产业集群的发展。

（二）案例分析——槐林渔具产业集群

1. 槐林渔具产业集群的成因和现状

槐林渔具产业集群属于自我衍生发展型，主要依托于槐林历史悠久的渔具生产传统文化，槐林手工织网有几百年的传统，随着经济浪潮的发展，形成专业的生产分工和产业协作，改变了原有手工织网的生产方式，集合资金和劳动力向机织渔网转变。随着技术的不断进步,扩充产品种类,在原有淡水渔网的基础上增加了深海渔网,产品不断丰富,产业链不断延伸。

槐林聚集了以金猴渔具为首的一批骨干企业,产业方向明确,地方特色明显,区域内企业具有较强的生命力和品牌知名度。集群内部通过良性竞争,形成了一批实力强、领导力度大的骨干企业,促进了槐林渔具产业集群的发展,也为巢湖市的经济发展起到了显著的带动作用。其中金猴渔具在槐林渔具产业集群内部长期居于核心地位,在集群的发展中起着重要的作用。

从集群规模上看,截至2018年12月,槐林渔具产业集群内各类企业共592家,集群内员工总数达2.18万人,企业产品类型涵盖了渔网渔具产业链的各个环节,包括主要原材料棉纶切面、棉纶棕丝的生产,配套产品渔网用丝、渔网用浮和渔网坠的生产,集群产业链日趋完善,其分布如表3-3所示。产品不仅遍布国内各大渔具市场,还远销美洲、欧洲、东南亚等70多个国家和地区,2018年销售额突破80亿元,其中自营出口达9595万美元,与2017年相比,分别增长了15.4%和14.9%。

表3-3 槐林渔具产业集群企业类型分布

企业产品类型	企业数量	生产规模(吨)
渔网用棉纶切面	21	1300
渔网用棉纶棕丝	34	2900
渔网用丝	67	3500
渔网用浮和渔网坠	49	2000
渔网渔具加工	414	5100
物流配送	7	—

2. 槐林渔具产业集群的发展优势

槐林的渔具产业集群是通过许多中小型企业的"共生"而产生的,专业化的产品分工使这些中小企业无论在信息和技术方面,还是在资源和服务方面,都获得了较大的集群竞争优势。这些优势具体有:

(1)降低生产成本,增加竞争优势。企业之间通过使用共同的基础公共设施,减少了大量重复的资金投入,对渔网产品进行专业化的分工,大大提高了集群内部的劳动生产率。渔网产业链上形成的原料生产、拉丝、织网、装扎四大环节,形成了良好的上下游产业集群,极大地规避了不道德的市场行为,减少了可能出现的投资风险。地理上的集群优势大大节省了搜索市场信息的时间和成本,降低了运输和信息传递的费用,使每次交易的费用减少到最低,形成了类似企业集团的内部规模经济。

(2) 知识共享性高。集群内部一些中小型企业对金猴渔具、中康渔具等龙头企业的学习和创新,大大提高了槐林渔具产业集群整体的生产率水平。

(3) 议价优势。在槐林渔具产业集群内部,由于集群网络的存在,企业之间在采购、销售等环节结成了可靠联盟,形成强大的团体优势,有效解决了中小企业议价能力弱的问题。

(4) 产品多样性。集群内部市场的激烈竞争迫使企业更加注重客户的专业化需求,以寻找独特的细分市场份额,通过努力提高产品的质量和产品的独特有用性来获得更多的产品订单,有利于集群内部产品的多样化。目前,槐林渔具产业集群在传统产品生产的基础上,已成功增加了渔网织机、网纲、网坠、泡沫漂浮等产品的生产。

2. 槐林渔具产业集群发展过程中存在的问题分析

(1) 集群内部多数企业规模较小。槐林渔具产业集群内以中小型企业为主,生产规模偏小,企业产品同质化现象严重。以原材料生产企业为例,集群内提供渔网用棉纶切面原料的企业共21家,大量的重复建设导致激烈的价格战,企业利润微薄,并使企业之间分工和专业化受限,快速发育较困难。总之,由于缺乏必要的分工,使集群内企业专业化程度较低,这也正是导致集群内企业规模偏小、低水平重复建设现象严重的原因。

相比其他中部县域制造业产业集群中的龙头企业,槐林渔具产业集群内最大的企业金猴渔业股份有限公司仅占集群总产值的24%,税收的28%,就业岗位的31%,作为龙头企业,规模明显偏小,还具有很大的发展空间。

(2) 集群创新机制有待进一步完善。由于集群内部多数企业的综合实力较弱且创新能力较差,对于新产品、新工艺的研发缺乏足够的重视,资金投入普遍不足。同时与高校、科研机构的横向联系不够,造成企业高素质人才缺乏,科研能力不足,企业大多只承担一个区域性生产者的角色,没有拥有自主知识产权,缺少最为重要的自主生产者的关键性技术和核心工艺。生产中主要依靠历史生产经验或者购入国内外先进生产技术,自主创新不足,产品抗风险能力较差。

(3) 集群内部的组织协调有待加强。槐林渔网企业目前有四百多家,完全处于自由生产状态,没有政府的扶持和引导,也没有自行成立集群内行业协会进行自主规范、协调和管理。集群内企业大都缺乏分工协作的精神,追求眼前利益,目光短浅。这种完全追求自身利益最大化的生产和经营方式,很难使企业向更高目标发展。各自为战的思想,既不利于有市场发展潜力的大型企业的健康发育,也剥夺了中小型企业的利润空间和发展前景,造成集群产业链延伸的不足,严重阻碍了槐林渔具产业集群竞争力的提升,集群分工协作的优势难以显现。

(4) 集群品牌知名度较低。集群品牌与普通品牌不同,普通品牌是由单个企业自行创立的,而集群品牌是由集群内企业共同创造并维护的。集群品牌知名度越高,集群竞争力就越大,给集群内企业带来的经济效应也越显著。但是,集群品牌具有非竞争性和非排他性,导致集群内企业"免费搭便车"现象严重。部分企业由于主客观因素的限制,资金主要用于生产和销售,对品牌维护、产品创新方面投入力度不够或不愿投入,以模仿集群内其他企业产品为主,产品雷同且技术含量较低,不利于整个集群品牌知名度的提升。

槐林渔具产业集群内企业在出口贸易中处于简单的产品加工贸易阶段,产品技术含量低,利润少,对产品宣传的力度不够,品牌效应还未形成,需要加强对"槐林渔网"品牌的大力推广。

(5) 销售服务等工作不到位。槐林渔具产业集群中生产性企业实力较强,服务型企业能力较弱。在物流、流通销售和其他服务型站点上明显处于初级发展阶段,没有形成良好的产业服务机制。相关部门在政策扶持工作中没有做到确实有效,银行等金融机构对部分中小型企业的贷款力度较小,企业发展面临一定的困难。

(6) 企业发展具有一定的盲目性。在槐林渔具产业集群内部,由于盲目追求"大而全"的发展策略,企业盲目投资、重复建设。既建立原材料生产车间,追求棉纶等渔具原材料生产的自给自足,又盲目扩大销售渠道,建立自己的送货车队。在企业资源有限、筹资困难的情况下,阻碍集群内企业的发展壮大。

(7) 专业化分工与网络协作有待进一步完善。槐林渔具产业集群中出现较为严重的企业扎堆现象,虽然集群内部的专业化分工已初步形成,但纵向分工程度不高,企业对于市场细分不够深入,产品线较短,产品同质化现象严重。虽然集群内企业数量增长速度较快,不断有新企业诞生和外部企业进入,但多数企业的主营业务和市场定位相同,都面向中低端市场,处于渔具产业链的相同环节,趋同性现象较为突出。无法做到产业集群的资源共享和利益共均,甚至造成了一定程度上的资金和建设的重复浪费。

(8) 产品需要进一步的产业升级。大部分槐林的渔具企业所生产的是基本的渔网产品,处于全球化产业链和价值链的底端,产品的档次和国际竞争力有待于进一步的提高。渔网产业作为典型的劳动密集型产业,准入门槛和技术含量较低,行业利润较少,主要以成本价格竞争为主,极易被劳动力成本更低廉的其他地区同行业所替代。目前,集群内少数大型企业如金猴渔具、中康渔具等已开始重视新产品的研发,逐步推进渔网科技城的建设,改传统的"低成本竞争优势"为"差异型竞争优势",但投入力度不足,发展步伐依然缓慢,要进一步加快槐林渔网产品的产品升级。

(9) 缺乏健全的产业链意识。槐林渔具产业集群内部的企业往往是产业链中终端产品的生产商,产业链的前后联系不够明显,产业链的建设不完善,企业缺乏上游研发、设计环节,以及下游市场销售环节的延伸。对渔网产品的原材料棉纶只是进行简单的生产,没有进行技术化的创新改造,大大限制了渔网产业技术升级的可能性。

在集群的发展中,要重视主导企业如金猴渔具、中康渔具在产业中的比较优势。这些企业需要产业链中上下游关联产业的支持,市场竞争优势才能得以体现。以往我们重视的是主导企业本身的发展,忽视了与之相关联的配套产业,产业链意识的缺乏,导致槐林渔具产业集群内各企业之间只是一种单纯的生产配套关系,企业之间关联性较差,难以组成健全完整的产业链。

3. 促进槐林渔具产业集群发展的建议

(1) 大力加强政府扶持力度。区域集群的发展离不开当地政府的大力扶持,槐林镇政府的相关部门必须承担起维护当地渔具市场秩序的责任,保证企业的发展有一个良好的外部环境。首先,政府可以牵头组建集群内渔具行业协会,通过彼此磋商制定行业规定,定期举行座谈,举办专业技术讲座等活动增强集群内各成员之间的信任度,避免集群内低价竞争,共同研发新产品,维护行业利润空间。其次,对于集群内中小企业规模小、筹资困难、抗风险能力弱等特点,政府要积极帮助企业扩大筹资渠道,同时加大资金的扶持力度。应设立财政性专项资金,加强信贷等金融类服务,并在税收、行政事业性收费等方面根据企业发展的实际给予优惠。最后,当地政府要严厉打击假冒伪劣行为,对于损害集群整体形象的低劣产品生产厂家要坚决查处,保护合法企业的技术创新成果,努力营造良好的创新氛围和有序的市场秩序。

(2) 不断增强企业的创新能力。集群内企业要注重新产品、新技术的研发,加大人力、物力的投入力度,建立健全以技术为中心的创新机制和运行体系。对部分技术落后、研发实力较弱的企业,可先引进集群外先进的技术,在消化吸收的基础上进一步创新,对于研发实力较强的大型企业,应着重推进原始创新,使集群掌握关键技术和核心技术。同时,为扶持集群内企业创新能力的成长,要积极组建集群技术创新平台,以此平台为基础向企业提供通用性技术,进行集群内企业之间的横向合作推进创新,引领槐林渔具产业集群不断创新,不断进步。

(3) 延伸产业链条。槐林渔具产业集群的产业链已初步形成,但上下游过于狭窄,分工不明显,难以发挥集群整体优势。因此,应尽可能使产业链向上游和下游延伸,进而形成以少数龙头企业为主导,以集群产业链为基础,大量中小企业协作配套的分工协作体系。加大对原材料、辅料生产企业的扶持力度,并通过企业资产重组、集群内资源整合、优势品牌延伸等办法,培育一批技术领先、市场份额大、核心竞争力强的大型企业集团,促进槐林产业集群的快速发展。

(4) 打造具有地方特色的品牌。从政府层面而言,要继续坚持"发挥优势,错位发展,打造品牌,当好配角"的功能定位。槐林镇政府应大力打造"槐林渔具"品牌,可通过定期举办招商会、广告投放、网站宣传等形式积极为"槐林渔具"品牌做推广,提高其知名度。

从企业层面而言,要注重自身品牌的建设。集群内企业要避免低端产品的盲目竞争,加大研发投入力度,不断革新渔网技术,推进产业升级,打造名牌产品,进而提升集群的品牌竞争优势。

(5) 把握国家政策机遇。面对皖江城市带承接东部沿海地区产业转移的重要机遇,响应国家中部崛起战略,应引导企业积极把握这个契机,对政策"理解透,用到边"。在税收方面,合理利用国家制定的对中小型企业的各项税收优惠政策。例如,一般企业所得税率为25%,而小型微利企业的所得税税率优惠为20%。槐林渔具产业集群内小型微利企业应进行全面备案登记,对相关企业报税人员进行培训,使企业能依法享受各项税收优惠政策。此外,要积极利用金融企业放宽贷款限制的契机。由于银行融资难,槐林镇八成的中小企业主要依靠民间融资来解决流动资金的周转问题。为提高企业的抗风险能力,应利用商业银行扩大信贷规模这一契机,积极争取对集群内中小企业的信贷支持。最后,在安徽作为试点省份实施"营改增"之际,积极引导企业挖潜改造,合理利用新政策减轻企业负担。

二、市场型产业集群

(一) 市场型产业集群的概念

市场型产业集群是以发达的市场交易网络为桥梁、充分依托广泛的市场供求信息、企业家精神和其他市场优势的一些企业在一定区域内大量聚集而形成的群落。这种类型的产业集群主要特点是:① 它所处的区域,其核心产业比较单一,供应链环节上的企业是相互独立的,集聚度和专业化分工程度高,因此能产生较高的集聚效益。② 市场机制较为完善,产业集群的成长、演化基本上依赖市场与产业互动的方式来完成。集群是企业因自身发展需要,为了获得专业化经济、人力资本、特定区域的社会文化优势以及持续创新的氛围等自发形成的。③ 政府对产业集群的成长和演化的影响有间接性和辅助性,主要通过一些调节和激励措施,消除产业集群发展的制约因素,引导并促进集群的良性发展。

产业集群起源较早,由于受制度等因素的影响,发展一直很缓慢。直至有一批敢于打破传统思想,有创业精神的企业家进入,盈利示范效应带动许多企业跟随。通过广泛而高效的市场信息处理能力与潜在客户沟通交流,在一定的销售市场和网络渠道基础上,引进先进技术壮大自己的资本实力,从而为更好的发展营造良好的产业集群氛围。

(二)案例分析——高沟电缆产业集群

1. 高沟电缆产业集群的成因和现状

无为市高沟镇的工业发展始于20世纪70年代末期,当时当地的工业以生产磨具和耐火材料为主。进入80年代,热处理设备、电加热、工业电炉、温控仪表的生产逐渐成为高沟工业的主导。高沟的电缆生产始于90年代初期,靠近长江的定兴村,一位名叫沈志海的年轻人率先开办了华海特种电缆厂,不到两年的时间就成了千万富翁。随后,高沟的民营企业都陆续转型为电缆加工企业。高沟的电缆企业经过十几年的发展,目前已拥有4000多名销售人员,高沟电线电缆产业集群已形成相当规模。目前拥有电缆企业344家,职工1.5万人。

2018年,高沟电线电缆产业销售收入达125亿元,其中有29家企业通过ISO9001质量体系认证,12家企业成为安徽省高新技术企业,其中两家企业为国家级高新技术企业,11家企业为省级民营科技企业,8家企业获得进出口自营权,有13种电缆产品为安徽省名牌产品。2006年被科技部批准为"国家火炬计划无为特种电缆产业基地",2008年被安徽省政府认定为"安徽省产业集群专业镇"。高沟已经成为闻名遐迩的"电缆之乡",是全国四大电缆产业基地之一。

高沟镇电缆产业集群生产总值2013年为29亿元,2014年为41亿元,2015年为58亿元,2016年为79亿元,2017年为95亿元,2018年为115亿元(见图3-1),每年都是以10多亿元的速度惊人增长。

高沟电缆产业集群内现有三大行业,分别为电线电缆行业、冶炼行业、橡塑轻机行业,目前拥有电线电缆企业344家,主要是以电线电缆行业为主,约占全部企业数的79%,冶炼行业21家,约占全部企业数量的6%,橡塑轻机行业约占15%。如表3-4所示。

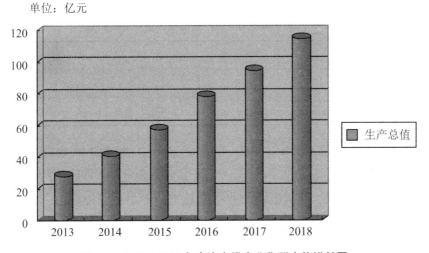

图 3-1 2013—2018 年高沟电缆产业集群产值增长图

表 3-4 2018 年高沟电缆产业集群各行业企业数量

行 业	电缆产业	电线电缆行业	冶炼行业	橡塑轻机行业
企业数量（家）	344	272	21	51
所占全部企业比重	100%	79%	6%	15%

高沟电缆产业集群从产品制造领域，逐步向原材料供应、产品生产设计和销售服务等领域延伸，形成上下游企业相互衔接、大中小企业相互配套的产业链条。继 2018 年引进生产铜丝、钢带、绝缘材料、护套等上游配套企业项目 23 家后，2019 年上半年又引进铜丝、钢带、绝缘材料、护套等上下游配套企业 4 家，特别是投资 6.5 亿元的上海楚江集团铜材产业园项目进展顺利，于 2019 年底竣工投产。

随着冶炼和橡塑轻机行业的不断发展，集群内生产铜丝、铜带、绝缘材料等电缆上游产品企业越来越多，使高沟电缆产业集群的产业链条也在不断延伸。

目前，高沟电缆产业集群的从业人员已经超过了 1.5 万人，各个企业规模也在不断发展壮大，其中从业人数不足 50 人的小型企业有 171 家，占全部企业比重的 49.6%，50～100 人的企业有 55 家，约占 16.0%，100～200 人的企业有 40 家，约占 11.6%，200～300 人的企业有 71 家，约占 20.7%，300～1000 人的企业有 7 家,约占 2.1%,如表 3-5 所示。

表 3-5　2018 年高沟电缆产业集群各企业规模构成

员工规模(人)	≤50	50~100	100~200	200~300	300~1000
企业数量(家)	171	55	40	71	7
所占比重	49.6%	16.0%	11.6%	20.7%	2.1%

根据国家统计部门的划分标准(如表 3-6 所示),对于工业企业,从业人员在 300 以下的属于小型企业,300~2000 属于中型企业,很明显,由于目前还没有超过 2000 人的企业,高沟电缆产业集群是一个中小企业集群。

表 3-6　国家统计部门大中小型企业划分标准

行业指标	指标名称	大型	中型	小型
工业企业	从业人员(人)	≥2000	300~2000	≤300
零售业企业	从业人员(人)	≥500	100~500	≤100
交通运输业	从业人员(人)	≥3000	500~3000	≤500

高沟电缆产业集群内骨干企业快速扩张的同时,税收贡献也日益突出,根据国家税务总局 2018 年公布的排名,高沟镇有 3 家企业位列全国电线电缆企业纳税百强(如表 3-7 所示)。

表 3-7　2018 年高沟企业在全国私营企业纳税排行情况

纳税排行	企业名称	纳税额(万元)
42	安徽华菱电缆集团	11280
80	安徽华海特种电缆集团	8466
93	安徽新亚特电缆集团	7606

2. 高沟电缆产业集群发展的四个阶段

高沟镇电缆业是典型的市场型产业集群,其演变过程必须经过形成、发展和成熟三个阶段。市场型产业集群是草根型产业集群的高级形态。

(1) 高沟电缆产业集群的形成阶段(1990—2001)

高沟是江心洲,过去曾水患连连。"风扫地,月点灯,小渔船当大门"是当时高沟的真实写照。1969年是高沟人难忘的年份。这年,洪水暴发,地处江心洲的定兴村田地被淹没。无奈之中,村里请来了无锡人办起了高沟历史上第一个工厂——新沟模具厂。第二年春天,工厂就让全村人尝到了甜头。为了解决村民的生活困难,厂里拿出9万元发给全村每人20元改善生活。这20元对村民产生的震撼可想而知,因为当时一个鸡蛋才3分钱!然而,工厂开张不到两年,就被当作"资本主义尾巴"割掉了。厂子虽然没了,却留下了两颗"火种":一是无工不富的意识;二是人才,即一批眼界开阔、能力突出的业务员。

20世纪70年代中后期,高沟人又办起了以磨具、耐火材料为主的小型手工作坊。进入80年代,生产范围扩大到电加热、机电产品等。这时,高沟的推销员主要是以推销电加热器为主,开始走遍全国。

转折发生在1990年。还是在定兴村,推销员沈志海率先开办了华海特种电缆厂,不到两年时间就成了大富翁,这是高沟电缆产业的第一把火。随之,高沟的企业都陆续转型为电缆加工,高沟电缆产业真正开始起步。电缆产业在高沟呈现出集聚的形态,并且进入良性循环,投资企业批量增长,产业集群的外部性逐渐显现。到1997年,无为市对乡镇企业进行"摘帽"改制,全部变成民营企业,改制激活了民间力量,成为高沟发展的里程碑。随着企业机制的转变,电缆产业进入发展壮大期。2001年,高沟电缆产业集群已经形成。

界定一个产业集群,首先要讨论该集群的地域范围。笔者认为在集群地域范围内,必须具备相同的地理环境背景和人文环境,这与技术、人才的扩散效应和学习效应有关,高沟电缆产业集群基本上还是锁定在高沟镇及周边部分相邻地区内,这一地区人们的拼搏心态以及敢为人先的理念,与整个无为市有较大差异,这也部分间接影响该集群只在这一地区得到较快发展。随着集群的不断规范、发展,集群的地域范围逐渐扩大,逐步向周边的姚沟镇、二坝镇等工业区转移,逐渐形成了集电缆、特种电缆产品研发、生产、销售为一体,相关配套设施不断完善的大型产业集群。

在此笔者选取了1991年和1995年高沟电缆产业的统计数据对其产业集群的发展进行评判,见表3-8。

表 3-8 高沟电缆发展初期数据统计

	工业总产值(亿元)	投资额度(亿元)	企业数量(家)	员工数量(人)
1991年	2.3	5.4	8	920
1995年	9.7	13.6	21	2490
增长	7.4	8.2	13	1570
增长率	321.3%	151.9%	162.5%	170.6%

在这一时期,高沟本地的电缆企业数目已经达到一定数量,产值也相当大,整个产业已初步形成。根据1991年至1995年的高沟产业集群统计数据,计算如下:

当地产业产值年均增长率 $=\sqrt[4]{9.7/2.3}-1=43.3\%$;

当地产业投资年均增长率 $=\sqrt[4]{13.6/5.4}-1=25.9\%$;

当地企业数量年均增长率 $=\sqrt[4]{21/8}-1=27.2\%$;

当地专业人员年均增长率 $=\sqrt[4]{2490/920}-1=28.6\%$;

$A=$ 当地产业产值年均增长率/该产业投资额度年均增长率 $=1.67$;

$B=$ 当地产业产值年均增长率/该产业企业数量年均增长率 $=1.59$;

$C=$ 当地产业产值年均增长率/该产业专业人员年均增长率 $=1.51$。

从以上计算结果我们可以看出,A、B、C值都大于1,表明无为高沟电缆产业在发展初期就具有较好的发展前景,我们也可就此认定在该阶段电缆产业已经成长为产业集群。

这一阶段高沟电缆产业集群的快速发展首先要归功于当地人文背景、推销员们的冒险精神、模仿能力及技术扩散等因素。另外,当时高沟电缆行业协会成立,为本地电缆企业提供培训及各种信息服务,加强信息在集群内的流动及沟通,促进了集群内企业的相互交流与协作;同时,无为市人民政府联合一些相关政府部门举办电缆产品展览会,搭建市场中介桥梁,同时推广区域品牌,塑造地区专业形象,在一定程度上帮助企业走向市场。

(2) 高沟电缆产业集群的快速成长阶段(2001—2007)

2001年以来,国内市场竞争加剧,高沟电缆产业集群中的企业面临更大的压力,促使企业不断提高生产管理水平,降低生产成本,提高产品质量,进行各种生产、管理、技术创新,并加大市场营销力度,一批企业开始转向集约化经营,以技术创新、创建品牌、树立形象为主要策略,积极开拓国外市场。这种竞争压力不仅使部分企业竞争力不断提升,而且由于同一地区的知识扩散效应带动了整个产业的升级。同时,市场需求的不确定性和复杂性促使当地的企业提高反应能力。这些因素导致集群成员之间不仅具有物质联系,在信息联系和技术联系方面也不断增强,推动地方生产网络向创新网络转变,集群创新网络在此时开始逐渐形成。

技术创新是企业集群持续发展的动力源泉。为了面对这一时期激烈的市场竞争压力,高沟电缆产业集群企业开始重视技术创新:只有设计出好产品,才能生产出好产品;只有做出好产品,才能卖出好产品。10多家亿元电缆企业,每年的科技投入占企业销售总收入的5%以上。这一时期研发出的新产品达60多种,填补了我国电缆行业的空白,并且占据了广阔的国内外市场。同时,企业广泛集聚科技人才。高沟上规模的企业一般都与大专院校和科研院所建立了技术合作关系。这种合作关系通过"借智引力",既比较好地解决了高沟电缆产业集群这种农村地区企业集群科技人才的缺乏窘境,又能比较好地跟踪电缆行业技术发展的前沿,开发出市场急需产品。

这一时期,高沟电缆产业集群的一批技改项目入选国家科委和安徽省科委"星火项目"、国家级"火炬计划"项目等。如2006年,新科集团的智慧数据传输五类电缆被定为国家重点项目;2007年,华星电器电缆总厂的高功率密度电热火棒等项目被入选安徽省科委"星火计划"。

这一时期国内的电缆需求虽然大大增加,但高沟电缆产业集群的数百家电缆企业面对的市场基本相同,如果单个企业在技术、管理、成本等影响竞争力因素方面处于劣势地位,就会失去市场,时刻面临强大的市场竞争压力。同样,一旦单个企业发现了新的技术,开辟了新的市场,其他企业必然会群起仿效,否则就会被市场竞争所淘汰。高沟电缆产业集群内一些规模比较大的企业,都是产品生产多样化的企业,企业间的竞争体现在多种产品的同时竞争上,是一种全方位的竞争。对采购商而言,到高沟进行采购完全可以货比三家后再做定夺,价格、质量、服务都会成为影响采购的因素,给高沟企业时刻敲响"不进则退"的警钟。

在高沟电缆产业集群内,企业间的竞争压力转化成了企业内的单位、人员的竞争压力,使企业效率的提升根植在生产效率来源的基本要素上,随着这些要素效率的提高，企业集群整体效率也得到了提升。高沟电缆企业间竞争的特点有：① 实行内部买卖制。高沟电缆企业从原材料采购到生产车间上下道工序，再到成品出厂，一律都是商品买卖关系。这种买卖关系的建立，使企业内部全面引入了市场竞争机制。② 实行供应公开制。企业所需要的原辅材料和各种设备的选购与购进，均公开招标，没有一个企业是个人说了算。同时实行以销定产。高沟的大多数企业实行完全的以销定产，先是销售员找市场、跑订单，然后回来组织企业生产。③ 实行分配级差制。按照对企业贡献大小，拉开分配档次，在收入分配上向科技人员、一线推销人员和各个岗位上做出突出成绩的员工倾斜。

高沟电缆企业在进行激烈竞争的同时，也存在着各种各样富有特色的合作。一方面，高沟人具有一种高度的自律意识。高沟作为一个小镇，拥挤着300多家同类生产企业，却没有出现显著的"柠檬市场"，这归功于高沟人高度的自律意识。正是这种高度自律意识使高沟企业间的激烈竞争行驶在有序的轨道上。另一方面，高沟人具有很强的合作精神。国内电缆项目招标，投标的80%是来自高沟的电缆企业，它们的中标率非常高，秘诀就在于"大鳄带小鳄，快鳄推慢鳄"。在高沟，只要有人想自立门户办企业，大家都会支持他。例如，华星集团的一名财务副总经理流露出要单独办企业的想法，2004年集团不但按照规定兑现了500万元现金分红，并帮助他做好起步工作。

高沟作为庞大的电缆生产基地，每天消耗着大量原材料，这些原材料的供货商为了占领市场，需要更好地满足当地电缆企业生产需求，否则就难以在高沟站稳脚跟。这一时期，国内外大型的电缆原料销售商纷纷进驻高沟，设立自己的分销处，铜丝、电缆等原材料，一个电话就可以及时送到生产企业。

（3）向成熟阶段迈进的高沟电缆产业集群（2008年以后）

高沟电缆产业集群经历了形成阶段和快速发展阶段，目前已逐步进入向成熟阶段过渡的关键成长阶段。产业集群已拥有较强竞争力，集群内拥有344家相关企业，每年新生企业都维持在30家左右，集群的投资主体逐渐多元化，规模逐渐增大，数量逐渐增多，投资的重点也逐渐由劳动密集型产品向技术、知识密集型产品发展，集群产品的技术含量在逐步提高，呈现出集群产业升级的发展趋势。近年来，高沟电缆产业还掀起了"升级潮"，由低端产品向高端产品、由普通电缆向特种电缆的转变正在加速。

2008年,高沟镇在建工业项目62个,其中续建项目10个,累计完成投资29亿元。新建工业项目中,安徽华菱电缆集团有限公司的硅橡胶特种电缆、安徽环宇电缆集团有限公司的高压高联特种电缆、安徽渡江绿色环保型特种电缆计划投资均超过亿元。是继2007年引进生产钢丝、钢带、绝缘材料、护套等上游配套企业项目23家后,2008年又引进钢丝、钢带、绝缘材料、护套等上下游配套企业4家。此外,华菱集团投入1000多万元,建立了省内一流、国内领先的技术研究中心。目前,高沟电缆产业集群已牢牢把握我国电力、石油、核电等行业电缆供应。但是,这种外资嵌入型产业集群目前还未真正根植当地行业,外资企业对当地相关产业前向、后向关联效应差,这种产业集群模式具有"可迁移性"或"可复制性",当区位条件发生变化时,容易迁徙或空洞化。

产业群内高沟电缆业集群虽然集中有300多家企业,但企业之间并没有产生类似发达产业集群的分工,产业链没有得到很好的拓宽和延伸,这既提高了高沟电缆企业成本,也使高沟电缆业集群存在较大的生产经营风险。高沟电缆企业产品生产结构雷同现象也相当突出。企业间的全方位竞争虽然有利于提高资源使用效率,但同时又潜伏着压价竞争的可能,而这种压价会导致整个高沟电缆产业利润变薄。特别是目前高沟的销售员大都服务集群内多个企业,在产品同质的情况下,他们必然会优先经销价格比较低的企业产品,使高沟电缆产业产品价格存在不断走低的趋势。近年高沟电缆产品利润率的下滑与企业间产品的高度同构有着很大的关联性。

3. 高沟电缆产业集群发展的SWOT分析

(1) 优势(Strengths)

① 创业精神的积淀。高沟电缆产业集群的企业家主要出自销售员队伍,目前电缆企业厂长和经理60%以上都做过销售员。他们的足迹踏遍了神州大地,对乡村外的世界有更多的接触机会和更深入的了解,对本地与发达地区的差距有更为切身的体会,眼界和思路也变得更为开阔,他们在很大程度上摆脱了故步自封、因循守旧、小富即安、厌恶风险等小农思想的束缚,也因此积淀了厚重的创业意识和精神。这种拼搏进取的创业精神也正是"高沟现象"的奥妙所在。

② 拥有经验丰富的营销队伍。经过十几年的发展,高沟电缆产业集群至今已拥有4000多名销售人员,他们经验丰富,营销范围遍及全国。

③ 劳动力成本优势。由于人口密集,且安徽省企业职工工资水平比浙江和广东同类企业要低得多,高沟电缆产业集群具有很大的劳动力成本优势。

④ 初显规模经济效应。由于市场的扩张,高沟产业集群内企业生产规模不断扩大,集群内各企业在生产上已经开始出现明显的规模经济效应。

(2) 劣势(Weaknesses)

① 产业链短窄。高沟电缆产业集群有300多家企业,但企业之间并没有产生类似发达产业集群的分工,产业链没有得到很好的拓宽和延伸,这不仅缩小了高沟电缆企业成本进一步降低的空间,也使高沟电缆产业集群存在较大的生产经营风险。

② 融资困难。高沟电缆产业集群是自发形成的,外部资金投入十分有限。由于中小私营企业缺少正规的融资渠道,发展和投资主要依靠自有资本积累和民间拆借。尽管电缆业属于朝阳产业,企业可以通过扩大资产负债率的方法做大做强,但高成本的资金来源成为了企业发展的普遍障碍。

③ 企业技术创新能力弱。集群内企业与科研院所之间合作不够,多数企业没有适应市场的设计能力,仅是产品生产和加工基地,产品技术创新不足,科技含量低,严重制约了高沟电缆产业集群整体创新能力的提高,影响产业结构升级。

④ 品牌优势不明显。集群内产品自有品牌少,特别是没有国际知名品牌,产品自身价值体现不足,知名度低,另外作为区域电缆集群品牌效果尚不明显,影响了集群内产品竞争力和市场占有率的提高。

⑤ 人才素质偏低。尽管集群内企业对人才问题日益重视,采取了一些措施吸引人才,但人才供求缺口问题依然相当突出。集群内企业地理位置一般较为偏僻,难以吸引高技术高素质人才。多数县域工业企业创业人才少、管理人才少,人才外流现象日益突出,一些发展较快的企业已经出现招工难、招技术工更难的现象。管理、技术人才的缺乏更是影响了企业的发展。

⑥ 国际化程度不高。随着中国参与国际分工程度的不断加深和全球化发展的不断推进,中国的电缆产业应该积极"走出去",而高沟电缆产业集群目前虽然有一定的出口贸易,但是整体国际化程度不高。

(3) 机会(Opportunities)

① 特种电缆需求不断增加。从宏观上看,我国特种电线电缆行业正处于

发展的快速增长期。未来一段时间,国家对电力、轨道交通、通信、船舶等产业依然会保持较大的投资规模,必将为特种电缆行业带来难得的机遇。同时,国民经济各主要部门正处于装备水平升级的关键时期,带动了以发电设备为代表的重大技术装备产量的普遍高速增长。用电量的增加推动了电网建设的发展,从而促进了特种电缆行业的迅速增长。据预测,中国特种电缆市场需求在今后很长一段时间内都会以每年10%左右的速度增长。

② 光缆需求不断增加。中国信息产业近十年来一直保持着快速的增长态势,并且预计在未来数年内依然能够保持20%左右的增长速度,这必将使国内市场光缆需求大增。

③ 国外资金流入。加入WTO以后,我国投资领域对外开放,外资进入我国电缆行业,加快了我国电缆技术的进步,为我国电缆行业带来新的活力。同时也拓宽了电缆产业集群的融资渠道。

④ 国外技术的引进。近年来跨国电缆公司纷纷进入中国,并积极寻求合作伙伴。可以抓住机遇学习他们的先进技术和管理方法,加快产业集群技术更新,加速电缆产业结构升级,增强自身的竞争实力。

(4) 威胁(Threats)

① 国内已有电缆集群的竞争。波特"五要素模型"组织面临的威胁之一就是现有竞争对手的威胁。而对于高沟电缆产业集群而言,现有竞争对手主要就是国内已经形成的其他电缆集群,尤其是江浙和广东一些相对成熟的电缆集群。

② 国内新兴电缆企业的竞争。国内电缆企业已经达到6000家,行业竞争激烈,由于国内电缆行业进入壁垒低、客户忠诚度低,导致电缆行业不断有新兴的企业出现,对高沟电缆产业集群的发展也带来一定的威胁。

③ 国外电缆集群的竞争。"五要素模型"中涉及的另一威胁就是潜在进入者所带来的威胁,即国外成功电缆集群和跨国电缆公司可能会将产品销售到中国,甚至将生产转移到中国,这无疑会给高沟电缆产业集群带来巨大挑战。

④ 世界平均行业利润下降。随着各国的开放水平的不断提高,国际电缆市场必然出现供大于求的总趋势,整个世界电缆行业的平均利润水平必然下降,而我国的电缆也将面临巨大的威胁。随着电线电缆产品原材料价格的不断上涨,行业利润会更加微薄。

表 3-9　高沟电缆产业集群的 SWOT 分析

	企业优势	企业劣势
内部条件	S1:创业精神的厚重积淀 S2:拥有经验丰富的营销队伍 S3:劳动力成本优势 S4:初显规模经济效应	W1:产业链短窄 W2:融资困难 W3:企业技术创新能力弱 W4:品牌优势不明显 W5:人才素质偏低 W6:国际化程度不高
	环境机会	环境威胁
外部条件	O1:特种电缆需求不断增加 O2:光缆需求不断增加 O3:国外资金流入 O4:跨国电缆企业在国内寻求合作伙伴 O5:人才流动频繁	T1:国内已有电缆集群的竞争 T2:国内新兴电缆企业的竞争 T3:国外电缆集群的竞争 T4:世界平均行业利润下降

4. 高沟电缆产业集群的战略选择

通过以上分析我们可以看出,高沟电缆产业集群的发展既有机遇也有挑战,而如何有效利用内外因素,促进集群发展则是集群未来发展的重要战略选择。本节从以下四个方面来讨论高沟电缆产业集群发展的战略选择。

(1) 优势-机会战略

优势-机会(SO)战略是指充分发挥内部优势,抓紧外部机会,尽可能提升集群的竞争优势。具体有以下战略:

① 与跨国公司合作(S1、S4、O4)。发挥拼搏进取的精神,敢于冒险,利用集群的规模优势,积极与想进入中国市场的跨国公司进行合作,学习他们的先进技术和管理方法,提升高沟电缆产业集群的竞争优势。

② 增加对高端产品和特种电缆的研发生产(S1、S4、O1)。加大人才的引进和特种电缆产品的研发力度,变集群规模优势为技术优势,争取占领特种电缆市场。

③ 进入通信光缆领域(S1、S4、O2)。集群内电缆企业应加快产业升级,逐步进入通信光缆市场领域。

(2) 劣势-机会(WO)战略

劣势-机会（WO）战略是指利用外部机会来克服内部的劣势,从而挖掘集群新的竞争优势。具体有以下战略：

① 加大国际合作,完善产业链结构（W1、O3、O4）。抓住跨国电缆企业寻求与国内有实力的电缆企业合作的机会,引进一些电缆产品的配套企业,积极完善集群内产业链结构。

② 加快引进外资步伐,扩展融资渠道（W2、O3）。抓住外资大量进入中国的机遇,利用外资扩大企业生产规模,加大对产品、技术的研发投入,加快产业升级、提高集群竞争优势。利用集群外和国外资金来弥补集群融资渠道狭窄的劣势,壮大集群效应。

③ 积极争取国家投资项目中特种电缆的订单,加快产品创新（W3、O1、O4）。未来一个时期,国家对电力、轨道交通、通信、船舶等产业依然保持较大的投资规模,我国特种电缆行业正处于快速增长期,应争取更多的特种电缆订单,加快产品创新。

④ 利用合作机会扩大集群规模、争创优势品牌（W4、O4）。利用与跨国企业合作的机会,扩展集群规模,增加市场占有率,增强集群区域影响。努力创造属于自己的优势区域品牌和行业品牌。

⑤ 利用电缆企业高素质人才流动频繁的机会,积极引进人才（W5、O5）。电缆行业的竞争日益激烈,人才流动也日趋频繁,高沟企业必须抓住机遇,引进所需的管理和技术型人才。

⑥ 走国际化道路（W6、O4）。与跨国公司合作可以为高沟电缆产品出口创造机会,而目前高沟电缆产业集群没有实施国际化战略,没有发挥产品在国际市场的竞争优势。

(3) 优势-威胁（ST）战略

优势-威胁（ST）战略是指利用内部优势来回避外部威胁。具体有以下两种战略：

① 实施低成本战略（S3、S4、T1、T2、T4）。高沟电缆产业集群应充分发挥劳动力成本优势来应对国际平均行业利润下降可能带来的威胁,进一步壮大集群规模,使集群内企业获得外部规模和内部范围的双重经济效应。

② 利用营销网络增强集群竞争力（S2、T1、T2、T3）。高沟电缆产业集群要发挥庞大的营销人员的作用,增强对他们的培训,并利用他们的丰富经验在国

内市场争取更多的订单,并进一步增强区域集群知名度,强化集群内企业的市场竞争力。

(4) 劣势-威胁(WT)战略

劣势-威胁(WT)战略是指尽可能减少内部劣势,并且回避外部威胁。具体有以下战略:

① 完善群内中介机构,健全行业协会(W1、T4)。国内和国外成功的电缆集群,其内部都建立了完善的中介机构和服务机制,高沟电缆产业集群虽然也成立了电缆行业协会,但是行业协会的作用并没有充分发挥。行业协会没有起到加强行业自律、价格自律、制定行业标准、举办商贸活动的作用。这是高沟电缆产业集群亟待解决的问题之一。

② 实施品牌战略。产业集群有利于创立区域品牌(W4、T1、T2、T3)。一提到家电,人们就想到顺德;一提到五金,人们就想到永康;一提到打火机,人们就想到温州;一提到领带,人们就想到嵊州;一提到袜子,人们就想到诸暨;一提到纺织,人们就会想到绍兴。因此,高沟电缆产业集群也要加大力度,实施品牌战略,使产品真正成为"质""价""牌"都具有全国领先水平、具有国际竞争力的产品。

③ 在现有中低端电缆产品领域实行低价策略(W3、W4、T1、T2、T4)。针对集群内技术创新缓慢、人才缺乏和集群外市场竞争激烈的情况,只有在现有的中低端电缆产品领域实行低价策略,才能保持集群在中低端电缆产品市场占有率,为发展高端特种电缆产品提供资金。

三、核心企业推动型产业集群

(一)核心企业推动型产业集群的概念

核心企业又称龙头企业,指具有相当规模,面向终端市场,处于产业链下游且能够提供完整功能性终端产品,在某个领域或区域的市场份额在同行业前列,能引领价格、技术创新和管理体制机制创新的一些企业。由这样的一个或少数几个企业推动及其配套企业在空间上相互依存所形成的产业集群称为核心企业推动型产业集群。核心企业推动型产业集群的主要特征是企业规模比较庞大,内部设施相当完善,有的可以形成独立的社区,包括各类学校、医院、游乐场、休闲设施等。

一般情况下,核心企业是大中型企业,发展历程较为悠久,依托自身创新优势和在技术、资金、品牌等方面具备竞争优势,在生产领域业绩突出,显示出旺盛的生命力。但由于产业链较长,单独的企业无法完成所有采购、生产、销售。因此,配套企业离开了核心企业不能生存,核心企业也离不开配套企业的支持,彼此相互依存,主配互动才能完成整个生产过程。

核心企业推动型产业集群的生成机制是以核心企业为主导,配套企业为辅助的"共生"机制,它们在某个区域形成链式共生圈或共生带。在集群内发展过程中可以提炼出"共生"的三个特性:普遍性、客观性和合理性。普遍性是指市场对产品的普遍需求;客观性是指产业链较长,关联性大,涉及面广,单独的企业无法完成;合理性是指由于单个企业不能独立完成生产,核心企业必须和辅助企业相互合作,相互分工。

(二)案例分析——江淮汽车制造及零部件产业集群

1968年4月,安徽省巢湖汽车配件厂(江淮汽车集团前身)试制出安徽省第一辆轻型汽车,标志着安徽汽车工业的起步。20世纪70年代初,安徽省汽车工业的框架初步形成。

江淮汽车集团是安徽汽车工业的龙头企业,它开创了安徽汽车工业的先河,是集商用车、乘用车及动力研发、制造、销售和服务于一体的综合型汽车制造厂商,拥有国家级企业技术中心,是国家火炬计划高新技术企业。江淮汽车集团位于合肥市包河区,占地面积460多万平方米,具有年产50万辆整车、20万台发动机的生产能力。它从最初的客车底盘到轻卡、重卡、商务车,再到最近推出的乘用车,一点一滴通过摸索和向国外车企学习先进技术,掌握自主知识产权。2018年公司销售各类汽车及底盘近30万辆。实现销售收入259亿元,主导产品居行业领先地位。

以下使用改进后的波特"钻石模型"(见图3-2)分析江淮汽车制造及零部件产业集群的竞争优势。

1. 生产要素

广义来说,生产要素分为必备要素和奢侈要素,是任何产业集群发展的基

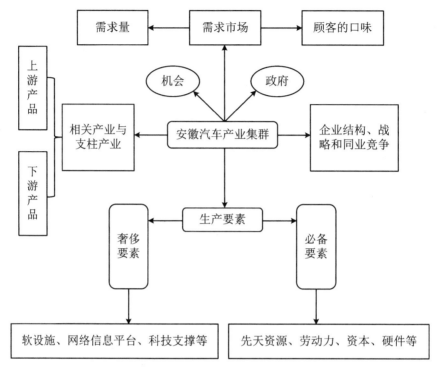

图 3-2 改进后的波特"钻石模型"

础要素,而要素的丰裕程度与产业竞争优势有着重要联系。在研究汽车产业集群时,通常狭义地把生产要素归纳为人力资源、天然资源、资本资源和基础设施。汽车产业是集资金密集型、技术密集型、知识密集型、劳动密集型和高关联度于一体的中游产业,其健康发展不仅受到产业内在规律的制约,同时在客观上还要求有特定的外部支撑条件。因此,汽车业集群的形成需要充足的人力资源、优厚的天然资源、完善的资金链和良好的基础设施。

在人力资源方面,安徽省科教资源相当丰富,有以中国科学技术大学、合肥工业大学和安徽大学为代表的高校和以中国科学院合肥研究院为代表的中央驻皖科研机构,省会合肥更是全国四大科教城市之一。特别是合肥工业大学素有"培养汽车工程技术人员摇篮"之称,其汽车专业开设时间较早,师资力量强,从而在保障安徽汽车工业发展所需的高素质专业技术人才的同时,也为相关技术创新活动提供了强大的动力。江淮汽车集团拥有先进的技术开发装备和手段,近年来,与上海同济大学同捷科技股份有限公司联合成立"JAC-同济同捷汽车联合研发中心",与合肥工业大学联合成立了"江淮汽车-合肥工大汽车技术研究院",与华中科技大学签订了联合组建"江淮汽车股份有限公司-华中科技大学联合汽车技术研究院"协议书。

在汽车制造方面,煤、铁、铜等矿产是必需的。安徽向来以矿藏资源大省著称,具有得天独厚的优势,淮南煤炭总储备量居全国第三位,淮北矿业集团是全国五大重要的煤矿基地之一。马鞍山钢铁股份有限公司是国内的特大型钢铁联合企业之一,目前已经形成了具备万吨规模粗钢产能的大型企业集团,按照这个数字计算足以支撑安徽汽车产业发展用量。另外,素有"中国古铜都"之美誉的铜陵是我国最早建设的铜工业基地之一,具有亚洲地下开采规模最大的现代化铜矿山,也为汽车工业的发展奠定了坚实的原材料基础。

在资本方面,产权投资主体多元化是安徽省汽车产业的一大特色,江淮汽车集团采取的是既独资又合资的产权模式。

在区位优势及基础设施方面,目前在我国经济发展进程中有三个比较活跃的区域,即长三角、珠三角和环渤海地区,安徽省紧靠以上海为中心的长三角经济区,又是珠三角和环渤海经济圈的中间地带。近年来,我国的区域总体发展战略由东南沿海地区开始逐渐向中西部地区转移,在这一过程中,安徽省拥有独特的承东启西、连南接北的战略区位优势。随着跨越式发展的不断推进,安徽省已经建成了相当完善的基础设施体系和健全的通信系统。安徽省是中国唯一被长江、淮河贯穿的省份,由于紧靠环巢湖地区,水路方面位于长江沿岸有马鞍山、芜湖、铜陵、池州、安庆等多个大型港口。

2. 需求条件

汽车产业集群的形成往往与内需(国内市场)和外需(国外市场)有着很重要的联系。内需市场与外需市场相比,最大相异之处在于企业可以较早察觉本地和国内市场中的客户需求,这一点是国外竞争对手所不及的。在产业集群形成的最初阶段,往往内需市场所起的作用是非常重要的。厂商如果能成功地将国内市场中需要高度工程或开创技术的产品与服务恰当结合起来,那么它就获得了进军国际市场的金钥匙。我们回过头来看江淮汽车产业集群的发展,也是通过首先占领本地市场和国内市场激发消费者的需求购买力,推动自身汽车产业集群的向前、向外发展。

从国内市场来看,随着我国进入工业化中期,汽车等重工业成为国民经济发展的强劲动力,汽车需求量增大。我国有14亿人口,每年有400万辆汽车的需求量,市场潜力巨大。随着我国融入国际市场步伐的加快和国内汽车市场的逐步成熟,我国汽车产业将迎来历史上持续时间最长的增长期,未来20年汽车产业集群将是我国最有发展潜力的产业集群。从国外市场来看,在金融危机不断扩散和蔓延的时代,世界汽车业处于疲软的情况下,国外汽车集团纷纷倒闭、破产、重组。而安徽省汽车业销售一直节节攀升,仍然保持较好的发展势头。

3. 相关产业和支撑性产业

在许多产业中,主导企业的潜在优势往往是因为它的相关产业与支撑性产业具有优势。因为相关产业的优秀表现,自然会带动上下游产业的创新和国际化。汽车产业作为一个处于中游的产业集群,它的形成和发展不仅仅是主导产业内相关企业的柔性集聚和大量附属支撑性企业与中介机构相互融合,而且更多地体现在主导企业和附属企业之间的良性竞合机制以及相关产业与主导产业相互交织发展过程中结成的共生共荣和互依互靠的网络体系。

汽车产业集群与其他产业集群相比,有共性也有特性。从特性来说,汽车产业链很长,上游涉及钢铁、机械、橡胶、石化、铜、煤、电、电子、纺织、塑料等产业,下游涉及保险、金融、销售、维修、加油站、餐饮、旅馆、会展、物流等产业。具体来说,包括汽车制造、汽车配件制造、汽车销售、旧车交易、汽车配件销售、汽车养护、汽车维修、汽车租赁等企业和驾驶员。我们把汽车产业链总结为汽车整车制造业、汽车零部件制造业、服务贸易业、支撑产业体系和其他相关产业。汽车产业与相关支撑产业关系如图3-3所示。

进入21世纪后,随着汽车产业的发展,汽车零部件配套产业出现了蓬勃发展的趋势,为紧紧围绕江淮汽车集团发展的环巢湖地区带来了新的活力。庐江县同大镇建立了多家汽车零部件厂,其中大部分企业直接为江淮汽车集团生产配套零件。2002年3月22日,合肥同大江淮汽车车身附件有限公司注册成立,注册地位于安徽省合肥市庐江县同大镇魏荡村,生产的厢式货车车厢直接为江淮汽车供货,大大地促进了当地汽车整车的配套能力。在巢湖市烔炀镇工业园,当地政府与江淮汽车厂建立合作共建机制,在园区内建立了巢湖市国中汽车配件有限公司、巢湖市远洋汽车配件加工有限公司、安徽沅超汽车配件有限公司等多家汽车配件公司,逐渐发展成为汽车零配件产业集群。

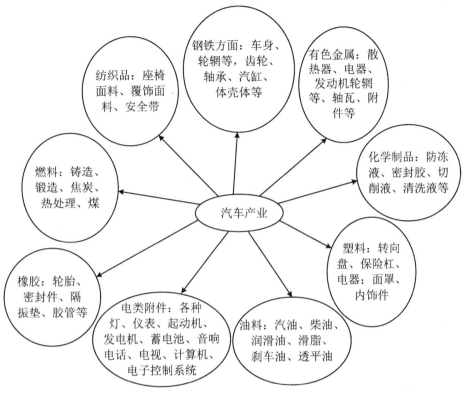

图 3-3 汽车产业与相关支撑产业关系图

4. 企业结构、企业战略和同业竞争

从企业战略和结构层面来说,江淮汽车集团坚持以商用车为基础,巩固和发展在商用车细分市场的领先地位。在成功实现战略转型后,积极拓展乘用车业务的发展,形成江淮汽车、客车、工程机械、零部件四大板块和物流、"三产"两项事业的发展格局,主要产品包括 7~12 座商务车、0.5~50 吨全系列载货车、6~13.7 米豪华高中普档客车、6~12 米客车、专用底盘及发动机、变速箱及车桥等。江淮汽车集团在拓展市场的同时,以制造具有国际水准的中国汽车为己任,逐步形成了竞争战略、品牌战略、产品战略和国际化战略四大战略体系。

在同业竞争方面,无论是国内市场还是国际市场,都异常激烈。近年来,国内汽车行业快速持续发展,一场新的汽车革命风起云涌。目前,27 个省市自治区都有汽车企业分布,其中 23 个省市建有整车生产线,把汽车工业作为支柱产业来发展,扶持汽车产业已经成为部分区域发展经济的主要手段,地方政府对汽车工业的大力扶持使汽车产业竞争更加激烈，海外跨国公司纷纷大幅增加投入力度，加快与中国汽车企业合作，主要以大众、通用和丰田为代表，合资领域覆盖面较广，涉及轿车、轻卡、重卡、微型、客车等几乎所有产品。除了外资的投入外，民营资本也不断注入，竞争越来越激烈。各级政府也都把汽车产业作为地方经济发展的主导产业。因此，江淮汽车产业集群健康稳定发展的同时，要注重提升自身在同行业竞争中的能力。

5. 机会与政府

波特"钻石模型"中除了四个基本要素外，还有机会和政府两个变量。机会是可遇不可求的，对一个产业而言，机遇可能与该国或该地区的环境无关，甚至同企业内部也没有关系，政府也难以施加影响。而政府的角色是为产业和企业的发展提供良好的环境，并非直接参与其运营。生产要素方面，政府需要加大教育投资，与企业共同创造专业性强的高级生产要素。市场竞争方面，政府需要做的是鼓励自由竞争，严格执行反垄断法。而在政府采购这一点上，政府可以扮演挑剔客户的角色，这对国内企业产业升级和技术创新尤其重要。

2006年，中央提出建设创新型国家战略，江淮汽车产业集群开始高举自主创新的大旗，得到了安徽省委省政府的大力支持，获得了前所未有的发展机会。2009年7月，安徽省制定了《安徽省汽车产业调整和振兴规划》，分析了省内汽车现状和面临的形势，明确了今后若干年的发展战略目标。另外，皖江城市带承接产业转移示范区的获批也给江淮汽车产业集群带来了千载难逢的机会。机会同时又是挑战，江淮汽车产业集群在紧紧抓住机遇之时，也要奋力迎接新挑战，才能实现新跨越、新发展。

6. 问题与策略选择

以江淮汽车产业集群为核心的安徽省汽车工业，有一定的基础和实力，但是仍然存在着诸如核心企业与配套企业协调发展等一系列问题。

首先，核心企业与配套企业协调发展问题。现存主要问题是核心企业摊子比较大而核心竞争力相对不强，江淮汽车产业集群多年来一直处于比较稳定的发展状态，自主核心研发能力还有待于提高。零部件企业落后于整车企业的发展，与整车的当地配套率低。虽然汽车产业客观上关联性强，但是实际上以江淮汽车集团为核心的企业同零部件企业间关联性较弱，尤其是配套行业过于分散，生产规模偏小，经营品种单一，缺乏有特色的高附加值产品，零部件企业的配套率直接决定着核心企业发展的后劲是否充足。因此,核心企业要做大做强,更要向"特"的方向发展,要有市场核心竞争力,充分发挥自身优势,重点提升零部件的配套率,提高自主研发能力。

其次,节能降耗问题。节能降耗是经济社会发展的必然选择,更是企业发展的内在要求。在节能降耗逐渐深入人心的今天,生产整车和零部件的汽车企业应进一步提高节能环保意识,整车厂商生产核心零部件时应加大研发投入,提高研发能力,推出节能环保产品。而零部件生产企业在节能环保方面应从技术、原材料和材料再生利用上做文章,汽车零部件的环保技术内容包括动力装置低污染、高效率。在新型动力开发上,研制技术领先的燃油系统,如高压喷油泵、高压喷油器、环保控制单元和装有压力传感器的燃油管等,以适应减少污染、保护环境的需要。原材料选用上,立足于开发零部件的新型替代材料,使汽车零部件轻量化,减少燃料的消耗。材料再生利用上,重视汽车报废后零部件材料可再生利用,以减少污染。

最后,政府适度引导。一方面,产业集群是一个大舞台,涉及科技、环保、税收、土地等一系列的政策。另一方面,在世界汽车业的发展已相当成熟和国内同业竞争日益加剧的今天,政府应该充分发挥其职能,合理引导企业健康发展。政府不仅要创造良好的投资环境,为投资者提供良好的基础设施和优质高效的公共服务,促进产业的快速发展,更应该制定出产业集群的发展政策及扶持政策,形成集群的制度效应。汽车业方面,除了核心企业江淮汽车集团之外,还有奇瑞等其他车企,政府应引导它们错位发展,形成合理分工。

四、服务业型产业集群

(一)服务业型产业集群的概念

服务业型产业集群是指围绕特定区域的服务业吸引物所形成的服务核心产业、服务依托产业、相关辅助机构以及服务组织和教育培训机构在空间上集聚,组成完整的服务体系。

这种类型产业集群的源起主要分为两个方面:① 外部催生,随着经济全球化的发展,生产的垂直性分工和外部化趋势愈发明显,而企业对专业化服务需求也日益增强,直接导致许多相互关联的专业化服务企业应运而生。② 内部滋生,服务业更多地依附多样化的资源基础,偏于接近上游供应商和下游消费者,服务业对信息和知识的依赖程度较高,而信息的基本属性是其时空属性,知识是共享与创新,服务业集群化的发展正好适应这一需求。服务业集聚的目的主要是为了获得更多的前向和后向联系的机会。

服务业产业集群的生成机制是"市场驱动",它的历史较为悠久,人类自从有了商品交换,也就出现了服务业,也就出现了服务业集群,如芜湖米市,界首牛市等。它主要是为生产服务和消费服务目的而形成的专业综合市场,所以规模比较庞大且有一定的市场。一般来说,市场体系越健全,服务就越普遍。随着市场需求的不断变化,生产规模进一步扩大,第三产业的地位将会得到更快提升,服务业产业集群也随之扩大。

(二)案例分析——环巢湖旅游产业集群

1. 环巢湖地区旅游发展条件分析

2015年8月,环巢湖国家旅游休闲区的建设被国家批准,环巢湖国家级旅游休闲区成为全国首个休闲区试点。按《环巢湖国家旅游休闲区》的规划,环巢湖旅游区包括合肥市滨湖新区,巢湖市市区,肥东县长临河镇,肥西县三河镇、严店乡等集中连片约4000平方千米的面积(包括巢湖水面面积)。其中,环巢湖旅游区的"一湖、两城、十二镇"约2000平方千米的面积(包括巢湖水面面积)构成环巢湖国家旅游休闲区的核心区。

(1)旅游资源优势明显。环巢湖地区旅游资源丰富。根据《旅游资源分类、调查与评价》所列8主类、31亚类、155基本类型中,环巢湖拥有8主类、22亚类、51基本类型,分别占主类的100%、亚类的71%、基本类型的33%。数量众多、类型齐全的旅游资源,为环巢湖旅游区旅游产业的开发奠定了良好的基础,也为客源市场多样化创造了基本条件。

环巢湖各县(市)区都有许多旅游资源,这些旅游资源空间分布均衡,各具特色,具备资源互补、联动开发的基础条件。交映生辉的湖光山色,构成了丰富多彩的自然资源,形成了积淀深厚的历史文化资源。环巢湖地区以乡村休闲、山水游憩、温泉养生、文化体验为特色,构成了合肥独特和靓丽的旅游资源名片,是安徽省旅游发展中的重要一极,同时,也构成了长江经济带旅游发展的重要新引擎。

环巢湖独特的生态资源、丰富的人文资源构成了绝佳的旅游资源组合条件,山、水、文、城、乡、泉遥相呼应,使环巢湖自然生态环境与深厚的人文遗产相互交融,凸显出生态人文魅力兼具的资源富集地,有利于环巢湖复合型旅游产品的开发,促进环巢湖旅游产业结构的转型升级。

(2) 文化资源凸显。环巢湖地域文化灿烂多彩,历史文化和民俗文化独具韵味。充分利用地方浓郁的文化色彩,可以打造出各具特色的文化旅游产品。此外,三国文化、淮军文化、巢氏文化、包公文化更是环巢湖地区极具价值的文化因素,可打造出更多新的文化形式和文化内涵,丰富和提升环巢湖地区文化旅游资源的效应。

充分挖掘和深度利用环巢湖地区特色文化资源,建立以文化资源为灵魂的文化旅游发展理念,进而推进环巢湖文化旅游产业的转型升级发展。在旅游产品建设中突出文化内涵,以文化内涵为旅游品牌特色,创造出良好的个性形象,打造文化旅游产品核心竞争力,最终形成"以文化内涵塑造旅游产品个性,以旅游推广形成文化旅游品牌,以文化内涵元素提高文化旅游产品的附加值"的良性循环,扎实推进环巢湖民族文化之根源,弘扬环巢湖民族文化之灵魂,发扬环巢湖民族文化之光辉,实现环巢湖文化旅游产品转型升级。

(3) 优越的区位条件。环巢湖旅游区位于安徽省会合肥的东南部,紧邻南京,是长三角城市群的重要腹地,政治、经济、文化地位凸显。巢湖是中国五大淡水湖之一,也是安徽省内最大的湖泊,具有灿烂的文化和悠久的历史。发达便利的交通环境为区域旅游业的发展提供了坚实的物质基础,促进了环巢湖旅游产业发展的良好势头。同时,有利于环巢湖的环境治理以及环巢湖旅游产业空间结构布局的优化,最终实现环巢湖旅游产业结构的优化、旅游产业融合和升级发展。

(4) 发达的区域经济水平。经济发展总体水平是推动旅游业发展的重要支撑,旅游产业发展必须有大量的经济投入,旅游产业的转型升级更需要强大的资金保证。合肥市经过近些年经济的快速发展,已经为环巢湖旅游产业转型升级提供了强大的经济支持。2019年,合肥市全年GDP达到7822.91亿元,比2018年增长了8.5%。其中,第一产业为277.59亿元,第二产业为3612.25亿元,第三产业为3933.07亿元,三大产业结构为3.5∶46.2∶50.3,其中三产占

GDP比重比上年上升1.2个百分点。城镇居民可支配收入为41483元,比2018年增加3511元。同时,2019年,合肥市全年入境旅游人数60万人次,比上年增长3.2%;国内游客9823万人次,比上年增长10.2%。这些都给环巢湖旅游区、合肥市以及安徽省旅游业的转型升级提供了强大的基础。

(5) 便捷的交通条件。合肥市借助于区域性特大城市建设和长三角城市群副中心城市建设为契机,加快区域内外交通体系的建设和发展。目前,已经建成合肥新桥国际机场,合宁、合武、合蚌、合福、宁安高速铁路和客运专线以及合徐、合蚌、合六叶、合武、合安、合铜黄、合芜宣、合马、合宁等高速公路系统,从而形成贯通南北、连接东西的交通运输通道,进而带动皖东、皖西、皖北等地旅游产业快速崛起,建立起东西贯通、南北相连、凸显中部、面向全国的区域现代化旅游中心城市和旅游集散中心,形成了四通八达的交通网络,为环巢湖旅游产业转型升级提供了便捷的交通条件。

2. 环巢湖旅游产业发展现状

2015年8月,环巢湖国家旅游休闲区的建设被国家批准,环巢湖国家级旅游休闲区成为全国首个休闲区建设的试点。环巢湖旅游产业发展迎来全新的机遇,拓展了市民生活、休闲的空间,增加了长三角、全国乃至国际休闲体验的选择。经过近年来的建设发展,环巢湖地区无论在旅游项目和旅游设施等方面都取得了一定的进步,也为全国旅游休闲区的建设打下了良好的基础。

环巢湖旅游区着力打造三河古镇、万达文旅城、包河区沿湖黄金湖岸线、汤池温泉旅游度假区、半汤温泉旅游度假区等项目。同时,积极引进和重点打造水上运动、汽车营地、特色村镇、养生养老、体育运动等户外休闲项目,带动了环巢湖旅游休闲产业的集聚和旅游产业结构的优化升级发展。

环巢湖旅游区打造国际湖泊休闲度假旅游目的地,江淮圩田文化遗产国家农业公园,国际大湖研学、教育产业集聚区,国际主题休闲运动基地,康体养生示范区。围绕环巢湖国家旅游休闲区,将诞生4个城镇群:国际研学城镇群、度假休闲城镇群、乡土体验城镇群、康体养生城镇群。

同时,在旅游产业发展上。2015年,合肥市全年入境旅游人数41.3万人次,比上年增长3.0%;旅游外汇收入3.31亿美元,增长17.4%。国内游客7784.24万人次,增长19.1%;国内旅游收入953.22亿元,增长23.1%。年末全市有星级饭店68家,其中五星级11家、四星级21家;A级及以上旅游景点

(区)55处。

3. 环巢湖旅游产业融合发展路径

旅游产业的不断丰富和发展,促进了产业融合的步伐,旅游与农业、工业、科技、娱乐、会展、房地产、医疗等多个行业的融合日益加速。产业融合、多业共生等构成了现代旅游服务业发展的必然趋势。催生了很多旅游创新的涌现,如农业旅游、科技旅游、旅游娱乐业、会展旅游、旅游房产等,从而加快了旅游与相关产业融合发展的潜力。

推进全域旅游,通过"旅游+"创造出更多的旅游新形态,形成研学、养老、休闲和健身等新型旅游模式,加快培育旅游新产品、新业态,推进"旅游+研学""旅游+交通""旅游+休闲度假""旅游+新型养老""旅游+健康养生""旅游+购物"等全域旅游的新产品新业态,进而推进旅游创新发展新领域,拓展旅游发展新空间,实现"旅游+"产业融合新路径,最终实现旅游产业转型升级。

(1)加快与农业产业的融合。围绕环巢湖地区美好乡村建设目标,积极开发农业产业资源,加快农业产业的旅游化建设,实现农业与旅游业的深度融合。提升环巢湖休闲农业与乡村旅游、示范点创建水平。加强规划引领,培育环城市乡村旅游带、环景区乡村旅游带,支持农业生态园、采摘园、休闲农庄、休闲农场、农家乐、渔家乐等业态发展,通过"旅游+农业"的发展模式,打造复合型农业旅游产品;统筹利用惠农资金加强卫生、环保、道路等基础设施建设,加强环境整治和卫生管理;提高旅游服务质量,丰富游客体验,提高综合发展水平。

在旅游与农业的融合发展过程中,要注意发挥转移农业剩余劳动力的作用。充分发挥旅游产业对乡村农民就业的带动作用。在乡村旅游发展中,应考虑当地原住居民融入农家乐、渔家乐、游船经营、旅游住宿、旅游餐饮、旅游商店、旅游演出等乡村旅游业态中的就业状况,有计划地提供相应的培训服务,使其具备旅游从业能力,并鼓励金融机构为乡村旅游创业者提供小额贷款资金支持。

(2)加快与工业产品的融合。打造工业旅游升级版。以旅游市场需求为导向,引导知名企业开发现代工业旅游项目,发展工业遗产旅游。增强现代工业旅游和工业遗产旅游开发的创意性和互动体验性,配套完善娱乐、购物等功能设施,完善解说系统,加强特色衍生纪念品开发;努力拓展旅游客源市场,从本地市场拓展到外地市场,从中小学生市场拓展到成年人市场。

发展旅游装备制造产业,加大对旅游房车、邮轮游艇、轻小型通用飞机、直升机、特种飞行器、电动飞机、游乐设施和数字导览设施等企业的扶持力度,引导一些大型装备制造企业投资旅游装备制造业务,大力发展旅游特色商品研发与生产工业。充分挖掘环巢湖工业文化内涵和独特魅力,推动环巢湖工业旅游产品建设,增加环巢湖工业旅游市场吸引力和国际影响力,促进旅游业与工业旅游产品的深度融合。

(3)加快与金融保险业的融合。鼓励金融企业开展旅游消费贷款和旅游企业贷款业务,建立完善的投融资平台。鼓励金融企业投资旅游项目。开发在线旅游企业第三方支付平台,充分利用现代电子商务支付手段,不断提升电子化服务水平,拓宽移动支付在旅游业的普及应用。推动银行发行旅游主题银行卡。推动旅游景区、旅行社、酒店、餐饮、购物、娱乐等旅游相关企业和消费场所无障碍刷卡。支持有条件的旅游企业进行互联网金融探索,涉足旅游产品分期支付、旅游保险类产品以及理财增值产品。

保险机构要深入挖掘市场,分地区、人群、活动开发旅游保险产品,推进旅游保险的进一步发展,为游客提供丰富的定制化保险产品,满足日益多元化的市场需求,并与旅行社加强合作,加强联合宣传,强化游客的保险意识,促进旅游保险产品销售;旅行社要加强保险知识培训,提高风险意识。

(4)加快与信息产业的融合。推动智慧城市与智慧旅游建设,促进旅游产业与信息产业的融合发展。完善旅游企业网站建设,丰富旅游电子商务内容,运用大数据技术进行经营决策;鼓励信息技术企业为旅游企业提供技术支持;鼓励旅游景区、酒店、旅行社、交通等企业与旅游网络运营商建立深度合作;放宽在线度假租赁、旅游网络购物、旅游租车平台等新业态的经营许可制度;在酒店、景区和乡村旅游地区实现免费 Wifi、智能导游、电子讲解、在线预订、信息推送等功能全覆盖。鼓励景区和酒店在自建网站上提供虚拟实景展示。

(5)加快与体育的融合。巢湖是滨湖新区和环巢湖旅游度假区发展的重要支撑。在大力度治理污染、改善水质的基础上,依托巢湖水面和滨湖区域,发展水上游览、湿地生态旅游和环湖山水观光旅游,未来创建国家生态旅游示范区。未来建设的重点建设项目有:巢湖水上游、湿地生态游、环湖自驾游。

水上运动将围绕巢湖 800 里水面开发,如冲浪、赛艇、滑翔、帆船等大型水上运动项目;温泉健身与康复则围绕半汤和汤池打造以健身美容、理疗康复为核心的体育休闲项目;野外攀岩将围绕四顶山、银屏山、紫薇洞等开发野外攀岩项目。以点带面形成体育旅游线路,带动环巢湖旅游产业的发展,形成合肥体育产业的特色品牌。另外,还需要引导建设户外营地、徒步骑行服务站、汽车露营地等设施。

环巢湖马拉松赛、自行车公开赛等国际赛事成功举办,让国际休闲运动旅游示范区建设取得了开门红。今后,合肥市还将积极争取举办国际铁人三项赛,提升都市区国际化水准。

(6)加快与养生养老产业的融合。巢湖旅游度假城是以滨湖新区和半汤街道为核心,定位为以温泉养生和滨湖休闲为特色的旅游度假城,是巢湖生态旅游区和环巢湖旅游度假区的服务基地。重点发展温泉养生,打造"温泉养生名城"。重点建设项目有:半汤温泉度假区、城市休闲体系、旅游综合服务体系。

可以将各地中医院及中药店作为医疗保健旅游资源开发利用,尤其针对外国游客,可以推出中医坐诊、保健推拿、针灸、足浴、养生讲座、药膳等项目,有生态养生功能的温泉度假村、森林公园和乡村旅游景区可以开发主题养生旅游项目,内容包括讲座研习、养生体验、短期疗养等。在开发高端产品的同时,大力推进大众养老养生旅游产品的开发。

(7)加快与会展的融合。建立具有地方特色的会展品牌,带动旅游发展。引导旅行社进一步关注会展活动组织业务以及会展期间和会展后的旅游业务,针对会展客人的具体需求设计会展旅游产品。例如:针对会展客人的投资需求,可以设计当地投资环境考察游;针对会展客人的观光需求,提供观光旅游产品;针对会展客人的保健养生旅游需求,提供保健养生旅游产品等。可以借鉴成都经验,组建当地会展旅游集团,融会展公司、旅行社、景区、酒店、房地产等多项产业于一体。面向全国和国际承接科教、汽车、商贸、体育等领域会议和展览。

(8)加快与科教的融合。合肥是科教之城,应发挥国家级文化和科技融合示范基地优势,打造中小学校外素质教育基地,发展"合肥科教游"和"合肥工业游"等特色旅游,打造研学旅游"合肥模式"。将创新、创意、创业与旅游休闲结合起来,今后的环巢湖地区将重点发展"画家村""艺术村""摄影村""水街""酒吧一条街"等休闲新业态,开展"大众创新、万众创业"。

环巢湖国家级旅游休闲区旅游主管部门、旅游企业、旅游院校在智库建设、信息共享、合作育人、课题攻关、成果转化等方面应进一步加强合作。各大院校应针对旅游产业人才需求,积极调整专业设置,深化教学改革,培养高质量的专业人才,为示范区蓬勃发展的旅游产业提供有效的人才供给;通过旅游主管部门和旅游企业接受专业教师挂职锻炼和学生见习实习,学校聘请旅游主管部门和旅游企业界人士担任专业顾问和兼职教师,高校与旅游主管部门、旅游企业联合开展课题研究等途径,共同推进示范区旅游产业的科学发展。

(9) 加快与生态治理的融合。加强环巢湖地区生态环境保护和治理,为发展旅游产业提供良好的生态环境。加快旅游产业结构调整,坚持走新型工业化道路,加强工业污染、噪声管理和生活垃圾处理;处理好农业污染问题;加大水环境治理力度;完善绿地系统,创建国家森林城市和国家生态园林城市。合理确定旅游景区游客环境容量,推进环巢湖生态旅游示范区、旅游循环经济试点的开发建设,建立健全旅游开发与生态环境保护的良性互动运行机制。

发展资源节约型和环境友好型的生态旅游,开展绿色旅游企业创建工作,推广运用节能节水减排等先进环保技术,加快企业设施设备节能环保改造,评定认证一批生态景区、循环型景区和绿色饭店。严格执行各种法律法规,切实保护旅游生态环境。综合运用各种环保技术手段,治理、保护好水资源,为旅游产业的发展提供良好的生态环境。

第四章　中埠锚链产业集群发展现状分析

第一节　中埠镇概况

中埠镇位于巢湖市西部,东临柘皋河,南濒巢湖,西接炯炀镇,北接柘皋镇,是"环湖十二镇"之一,总面积67平方千米,拥有9.7千米的巢湖岸线,耕地面积4.5万亩(30平方千米),常住人口3.4万人,辖7个村委会和1个居委会。境内自然风光优美,生态保护良好,总面积近1.5万平方千米的巢湖北岸连片湿地镶嵌岸边,"城湖共生"的特色生态环境十分优越,有着不可多得的自然环境。中埠镇内产业特色十分明显,素有"蔬菜基地""锚链之乡""美食名镇"之美誉。2017年,中埠镇成功举办中国巢湖第四届中埠番茄节。小联圩村、滨湖村被评为省级生态村。中埠番茄节荣获2016—2017年度全省旅游创意营销奖三等奖。

一、中埠镇基础设施

中埠镇境内有淮南铁路、京福高铁、合马公路、滨湖大道、荣裕大道等交通要道,交通便捷,基础设施完善。2017年,中埠镇实施了农村道路畅通工程9条,合计15.035千米,其中较大自然村道路硬化工程3条,合计3.322千米;老村道加宽工程6条,合计11.713千米。危桥改造9座,分别是涧吴桥、下黄桥、赵桥桥、秦桥桥、林场桥、周廷道桥、大祝桥、王墩桥、小李桥。在水利方面,对秦桥河、东李河、柘皋河实施了水毁修复工程。其中,柘皋河堤防滑坡修复8处,涵闸改造4座,电站修复2座。陈徐站出水渠修复加固,温村站出水管道加固,修复巢湖大堤干砌石护坡1000米,巢湖大堤剪刀墙20座,滑坡3处,农饮管道7100米,沿湖电站4座,新建巢湖大堤剪刀墙20座。

二、中垾镇区域经济

2018年,中垾镇实现规模以上工业总产值17.85亿元,完成全社会固定资产投资12亿元,招商引资10亿元,实现税收3872万元,成功利用了7家闲置企业资产,15家商贸公司落户中垾创客巢,为地方经济增收拓宽了税源。中垾特色产业园成为安徽居巢经开区的一个特色产业园,园区内共有企业80余家。其中,规模以上企业21家,通过ISO9001质量体系认证企业20家,高新技术企业3家,省著名商标2个,省名牌产品4个。

中垾镇种植蔬菜、优质粮油和特色蔬果历史悠久。环湖大道沿线的番茄种植有30多年历史,种植面积超过1.2万亩(8平方千米),年产量近6万吨。S105公路沿线的优质粮油基地是国家整镇整建制高产创建示范区。此外,中垾大枣、广严草莓在省内也小有名气。

中垾镇按照"一产升三产"的发展思路,挖掘环湖北岸现代农业和巢湖湿地资源,提升旅游环境,发展旅游产业。2017年中国巢湖中垾第四届番茄节荣获2016—2017年度全省旅游创意营销奖三等奖。

近年来,中垾镇不断加大招商引资,数据显示(表4-1),自2013年开始,中垾镇招商引资金额逐年上升,社会固定资产投资和工业固定资产投资不断增加,规模以上工业企业总产值呈现整体上升态势,为当地企业和区域经济的发展奠定了良好的基础。

表 4-1　中埠镇 2013—2017 年经济数据

年度	财政收入（万元）	规模以上工业总产值(亿元)	社会固定资产投资(亿元)	工业固定资产投资(亿元)	招商引资(亿元)
2013	3918	16.36	5.05	4.49	5.35
2014	3515	18.66	7.032	4.05	6.9
2015	3243	20.86	8.62	4.53	7.84
2016	3243	22.56	11	4.8	8.2
2017	3872	17.85	12	5.5	10

三、中埠镇社会事业

中埠镇高度重视精神文明建设，广泛开展群众性文体活动，丰富群众业余文化生活需求。2017年结合重大节日，先后开展了"三下乡"慰问演出、第三节广场舞大赛、读书演讲比赛、书法展、法制文艺汇演、少儿文艺汇演、学习宣传十九大精神文艺汇演等各类文化活动。其中，民歌广场舞《一湖蓝》荣获巢湖市第三届"大湖之风"巢湖民歌广场舞大赛乡镇组二等奖。中埠镇还有序推进文化民生工作，完成全年电影放映96场次，开展送戏下乡8场，农村体育活动全年完成8场，举办各类培训讲座18场，培训人数超过1000人。社会事业的不断发展，也对人才产生一定吸引力，为当地经济发展打造良好的社会氛围和文化环境。

四、中埠镇人民生活

中埠镇积极落实国家各项扶贫政策，全力以赴抓好脱贫攻坚，实施了产业、就业、金融、教育、医疗、社保、危房改造等主要帮扶工程，2019年全年累计投入扶贫开发资金1820万元，全镇619户建档立卡贫困户中脱贫598户。建成了太平中药材和滨湖大棚蔬菜种植两个农产品产业园区，完成23项民生工程，落实民政、计生、残疾人等提标审核工作。实施电子商务进入农村，小联圩村电子商务超市2017年盈利额突破10万。中埠镇还充分利用老年学校等活动平台，为老年人提供丰富生活。中垾镇村(居)情况如表4-2所示。

表4-2 中垾镇村(居)一览表

村(居)	滨湖	广严	建华	庙集	三圩	太平	小联圩	中垾居委会
自然村	19	23	17	11	19	22	9	4
户数	1809	1056	1890	1030	1062	1072	961	1102
人口	6025	3672	5995	3180	3951	3780	3303	3276

五、中垾镇工业集中区

中垾工业集中区位于中垾镇北侧,交通便捷,地理位置优越。集中区目前已形成以锚链、消防设备及矿山配件产业为主导,装备制造、新型建材、高效肥料等产业为支撑的产业格局。工业园共有企业80余家,其中锚链企业40余家,规模以上企业21家,国家高新技术企业3家,20家企业通过ISO9001质量体系认证,企业共申请省著名商标2个、省名牌产品4个。中垾工业集中区的设立,对当地工业企业发展,产业优化升级和产业集群效应的提升起到了促进作用,同时产业集群效应的进一步发挥,也加速了中垾工业集中区的发展与完善。

第二节 中垾锚链产业集群现状

一、中垾锚链产业集群概况

产业集群对于提高某一产业的整体竞争力、加强集群内企业间有效的合作、增加企业的创新能力、发挥资源的共享效应有着重要的作用。

中垾镇是安徽省锚链产业集群专业镇,是全国最大的乡镇锚链工业基地,也是环巢湖特色产业集群的典型代表之一。

第四章 中垾锚链产业集群发展现状分析

中垾锚链产业始于20世纪70年代初,起初中垾人小规模生产船用链条。1981年,广州渔业局到中垾镇采购,在镇上的铁匠铺子定制了10吨锚链,借着这股东风,中垾人开始向外开拓市场,逐步建立起中垾锚链的销售渠道,形成了锚链产业集群的雏形。中垾锚链从简单的船用锚链起家,不断从市场需求中细分领域,促成产品更新换代,产业链在创新技术的催化下越接越长,从起初单一的锚链发展到现在锚链、航标、除尘、输送四大系列300多个品种,从内河到近海,产品畅销全国,部分产品出口至东南亚。

中垾锚链是经历市场千锤百炼后成就的一个"特色产业"。2004年,国家宏观调控促进了水产业结构调整,淘汰立窑湿法生产线,实行干法旋窑生产线。这直接导致了中垾锚链重要的延伸产业矿山输送设备没了市场。市场倒逼产业升级。当时,中垾锚链产业集群骨干企业安徽省工力机械设备有限公司一马当先,与合肥水泥设计院等科研院所进行技术合作,成功开发出适用于干法旋窑水泥生产线的新型原料传输设备NE垂直式提升机,并掌握了成套设备生产组装能力。锚链产业链的另一个拳头产品航标器材也在科技创新中走在了同类产品的前列。中垾制造的航标浮筒凭借技术创新,目前已占据全国市场的70%以上份额。

中垾镇锚链工业园位于巢湖西部,早在2002年,园区内已有25家锚链生产企业,均为私营企业,从业人员933人,2001年生产锚链1.6816万吨,实现营业收入1.0198亿元,工业产值1.0321亿元,入库税金280万元,规模较大的企业有巢湖市链条有限责任公司、巢湖市通用锚链厂、巢湖市特种链条厂等。2004年底,产业集群内锚链企业已有32家,年产值4.5亿元,解决就业2000人。近年来,集群内各锚链企业与合肥水泥设计院、航海协会等科研院所建立合作关系,加大了产品开发力度。先后有20家企业获ISO9001质量体系认证,产品科技含量不断提高。2008年,安徽省工力机械设备有限公司、巢湖群力船用锚链有限公司、巢湖市新辉机械有限公司3家企业纳税突破100万元,另有7家企业超过50万元,成为该镇经济发展的排头兵,解决就业6000人。2018年,安徽省通用锚链有限公司、安徽省工力机械设备有限公司、中信锚链有限公司、巢湖群力船用锚链有限公司、巢湖市新辉机械有限公司、强冲机械有限公司6家企业年税收缴纳额均突破1200万元,成为中垾锚链产业集群的领头羊。

中垾锚链产业园区的发展经历了手工锻打、机械化生产和规模化发展三个阶段。近年来,中垾镇通过实施"垒大户"战略,多方融资进行技术改造,使产业园区内企业迅速增加,被命名为"全省乡镇企业示范区"。通过产学研相结合,增强企业技术创新能力,不断研制开发新产品。由当初单纯的锚链产品,拓展到现在的船用、矿山、防滑、吊装、栏杆等5大系列200多个品种,上千个不同规格链条及其配套产品,并根据市场需要开发出浮桶、耐热钢链条、高强度耐磨铸钢链条等高精尖产品。在市场开拓上,强化销售,产销并举。组建强大的销售队伍,建立巩固的销售基地,开办窗口,扩大辐射面,使产品覆盖全国大部分地区,同时将发展视角进一步拓宽,走出国门,积极参与国际竞争,产品出口到缅甸、越南等东南亚国家,深受广大客户欢迎。

中垾锚链产业园区的发展,在很大程度上带动了中垾镇近40家餐饮企业的发展,为小城镇建设提供资金支持,带动中垾镇集镇改造,加快了农村城镇化进程。经过近三十年的不断发展和壮大,锚链产业已成为中垾镇的主导产业,产业还延伸到其他船用配件产业和机械设备产业,使得中垾锚链产业集群发展到新的阶段。

截至2019年,中垾镇工业类企业共88家,其中锚链制造企业共45家,从事锚链产业生产人员近9000人。2018年中垾锚链产业全年实现工业总产值35.9亿元,其中2000万产值规模以上企业15家,拥有省级著名商标3个,省级名牌产品5个。中垾镇设立了促进中垾经济创新发展的孵化器——中垾"创客巢",为招商投资和企业发展提供场地,目前入驻企业已达11家。中垾镇以锚链及矿山配件生产为主导行业的企业共22家,锚链产业集群生产的产品畅销国内外,包括近300个品种2000种规格的锚链、输送、航标等三大系列产品,尤其是航标产品已占领60%以上的国内市场。随着集群效应越来越显著,环巢湖特色也越来越突出,带动了当地的产业结构调整,推动了锚链产业纵向整合,拉长了上下游的产业链,有力地促进了区域经济的发展。

(一)产值逐年增加

2012年,中垾锚链产业集群生产总值13.1亿元,2013年16.2亿元,2014年19.2亿元,2015年24.1亿元,2016年29.1亿元,2017年30.8亿元,2018年35.9亿元,见图4-1。可见,中垾镇锚链产业每年都以数亿元的速度稳健增长,是中垾镇财政收入的重要组成部分,极大促进中垾镇经济增长的同时,也在很大程度上带动了当地就业和解决民生问题,促进了经济社会的发展。

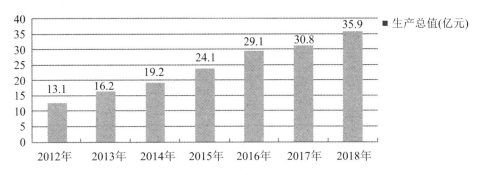

图 4-1　2012—2018 年中埠锚链产业生产总值

(二) 产业内部结构日趋合理

中埠锚链产业集群主要分为船用锚链、矿山建材、冶炼生产三部分。2018年,集群内共有企业 42 家,主要以船用锚链生产为主,有企业 29 家,占全部企业数的 69%,矿山建材行业 21 家,约占全部企业数量的 19%,冶炼行业占 12%,具体如表 4-3 所示。

表 4-3　2018 年中埠锚链产业集群各行业企业数量

行业种类	船用锚链行业	矿山建材行业	冶炼行业
企业数量(家)	29	8	5
所占全部企业比重	69%	19%	12%

中埠锚链产业从产品制造领域,逐步向原材料供应、产品生产设计和销售服务等全过程延伸,形成上下游企业相互衔接、大中小企业相互配套的产业链条。2019 年 6 月,安徽亚太锚链制造有限公司新建年产一万吨深海系泊链及海工装备配套件项目。中埠锚链集群产业链条的不断延伸,不仅在增加就业、贡献税源方面释放企业能量,也为促进中埠镇经济的发展做出了积极的贡献。

(三) 企业规模不断扩大

目前,中埠锚链产业集群的从业人员已经超过了 9000 人,各企业规模也在不断的发展壮大。其中,从业人数不足 1000 人的企业有 12 家,占全部企业比重的28.6%,100～300人的企业有20家,约占47.6%,300～2000人的企业有9家,约占21.4%,2000人以上的企业有1家,约占2.4%,具体见表4-4。

表4-4　2018年中垾锚链产业集群企业规模

从业人员	<100人	100～300人	300～2000人	>2000人
企业数量(家)	12	20	9	1
所占比重	28.6%	47.6%	21.4%	2.4%

根据国家统计部门关于大中小型企业的划分标准,见表4-5,对于工业企业,从业人员在300人以下的属于小型企业,300～2000人的属于中型企业,目前,中垾镇目前仅有一家企业员工超过2000人,所以,中垾锚链产业集群还是一个中小企业集群。近年来,中垾锚链产业集群内的企业不断发展,企业产值和从业人员数量不断增加,集群内企业还从中小型企业向大型企业迈进。

表4-5　国家统计部门大中小型企业划分标准

行业指标	指标名称	大型	中型	小型
工业企业	从业人员(人)	≥2000	300～2000	≤300
零售业企业	从业人员(人)	≥500	100～500	≤100
交通运输业	从业人员(人)	≥3000	500～3000	≤500

(四)企业贡献不断增加

随着中垾锚链产业集群内骨干企业的快速扩张,其税收贡献也日益突出。2018年,安徽省通用锚链有限公司、安徽省工力机械设备有限公司、中信锚链有限公司、巢湖群力船用锚链有限公司、巢湖市新辉机械有限公司、强冲机械有限公司6家企业年税收额缴纳均突破1200万元,成为中垾锚链产业集群的领头羊。同时,从业人员的不断增加,也在很大程度上解决当地的社会就业,有利于当地社会稳定。

(五)市场知名度不断增强

近年来,中垾锚链产业集群中企业数量不断增长,不仅扩大了集群规模,还将新技术和新材料引入并扩展,使锚链相关产品质量得到提升,产品市场不断扩大，中埠锚链产业集群生产的产品畅销国内外，其中包括近300个品种2000种规格的锚链、输送、航标等三大系列产品，尤其是航标产品已占领60%以上的国内市场。同时企业不断加大科研投入，研发新产品，引进新技术，产品结构与产品质量都得到很大的提升。

在市场开拓上，企业强化销售，产销并举，各个企业组建强大的销售队伍，建立巩固的销售基地，开办窗口，扩大辐射面，使产品覆盖全国大部分地区。同时企业将发展视角进一步拓宽，积极走出国门，参与国际竞争，产品出口到缅甸、越南等东南亚国家，受到国内外市场的好评，市场知名度不断提升，品牌效应逐步凸显。

（六）政策扶持

巢湖市政府积极为锚链企业争取国家中小企业技改专项资金和省技改贴息，促进锚链企业与金融机构合作，为集群内企业做大做强提供资金支持。

巢湖市政府支持企业进行技术改造，通过不断进行设备更新和技术改造，集群内锚链生产企业拥有的各类专业设备，其中不少是国外的进口产品。先进的设备、领先的技术，为确保产品质量打下了坚实的基础。

二、中埠锚链产业集群内主要企业概况

中埠产业集中区目前形成以锚链、消防设备及矿山配件产业为主导，装备制造、新型建材、高效肥料等产业为支撑的产业格局。产业集中区共有企业80余家，其中锚链企业40余家，规模以上企业21家，国家高新技术企业3家，20家企业通过ISO9001系列体系认证，企业申请省著名商标2个，省名牌产品4个。安徽省巢湖市通用锚链有限公司、安徽省工力机械设备有限公司、中信锚链有限公司、巢湖群力船用锚链有限公司、巢湖市新辉机械有限公司、强冲机械有限公司6家企业年税收额缴纳均超过1200万元，成为中埠锚链产业集群中的领跑者，起到了带动作用。

（一）安徽省巢湖市通用锚链有限公司

安徽省巢湖市通用锚链有限公司于1997年10月08日在巢湖市市场监督

管理局注册成立,注册资本为 600 万元人民币。经过二十年来的发展,该公司逐渐建立起一整套保证产品质量的制造、检测、安装的工艺与标准。生产的航标系泊链和航标器材不仅销往上海、广州、大连、海口、湛江、汕头、宁波、秦皇岛、温州、营口等航标处,更远销海外,深得广大客户的赞誉和信赖。该公司 80 年代初获得中国船舶工业总公司颁发的全国工业产品生产许可证,多次被评为省"优质产品","国力"牌锚链获得"省优""部优""名牌产品"称号,是安徽"50 强民营企业",巢湖市"明星企业""十强企业""产品信得过企业",是中国船舶工业总公司的成员。公司现有职工 220 人,其中高工 2 人,工程师 4 人,大中专毕业生 24 人,各类技术人员 60 多人,厂房占地面积 20000 平方米,固定资产 2400 万元,年产值 6000 万元。有一整套的现代化生产工艺,专业生产锚链的 5#机组一台,400、250 闪光对焊机各 4 台,160 闪光对焊机 2 台,150 吨拉力机 1 台,100 吨拉力负荷试验机 1 台,理化实验室 1 幢,专业生产航标的行车车间 1 座,面积 1500 平方米,M2-630 自动埋弧焊机 2 台,建立了完善的质量管理体系及售后服务体系,并通过了 ISO9001 质量管理体系认证。中国加入世贸组织后,航标市场要和国际接轨,市场的竞争异常激烈,为了求得生存和发展,为了开拓国际市场,公司成立专门生产航标及航标器材分公司——巢湖市国力航标器材有限公司,该公司是大洋山、小洋山、东海大桥、杭州湾大桥、长江口二期等国家重点工程配套服务的指定单位;公司经过多年发展,已逐步建立起一整套保证产品质量的设计、制造、安装、工艺及完善的售后服务体系。

(二)安徽省工力集团

安徽省工力集团成立于 1983 年,占地面积 30000 多平方米,总资产 4.65 亿元,下设安徽省工力机械设备有限公司、安徽远成重工机械有限公司、安徽三和重工机械有限公司、安徽明峰重工机械有限公司四家子公司。公司隶属于中国机械产业集团公司,是集生产、开发、科研为一体的大型外贸出口企业。作为中国机械产品贸易的主渠道成员,为中国输送机械工业的发展和中国机械产品的全球化做出了贡献。公司先后引进国外先进技术和工艺,建立了国际先进的生产线和现代化生产基地,已通过 ISO9001 认证,是全国物料输送行业的领军型企业。公司以科学的管理方法,精益求精的制造工艺,勇于创新的制造理念,成为中国最大输送与环保收尘设备的生产和出口基地,先后自主开发制造了多系列物料输送设备,产品获多项国家专利,被广泛运用于各个行业,为水泥、电力、钢铁行业输送设备的更新换代做出了巨大贡献,产品销售遍布全国二十多个省市,并远销海外,且保持不断增长的趋势,在行业中获得多项殊荣。

(三)巢湖群力船用锚链有限公司

巢湖群力船用锚链有限公司创建于 20 世纪 80 年代初,主要从事航标器材(航标、标志船、灯船、系船浮、航标遥测遥控器)、锚链、锚及附件、沉石、钢结构的生产和销售。公司于 2014 年成立巢湖群力航标集团,专业生产海上、长江内河用各类型浮标、航标链及船用锚链、各种规格锻造配件。所有产品生产均采用国内先进的生产和检测设备,严格执行国家行业标准。目前,巢湖群力航标集团已成为国内大的浮标、锚链生产企业,也是少数能为航标器材提供全配套服务的厂家。企业一直服务交通运输部北海、东海、南海航海保障中心,长江航务管理局,长江航道局以及多家造船企业。企业是中国航海学会航标专业委员会工业委员,长江航务管理局长江水运建设市场从业单位资信企业,交通运输部海事局航测标准化技术委员会"交通行业标准"起草单位之一。

(四)安徽亚太锚链制造有限公司

安徽亚太锚链制造有限公司是在安徽省巢湖银环锚链有限责任公司的基础上成立的现代化企业,是国家高新技术企业,并参与了行业标准的起草。公司设有锚链分厂、铸锻分厂、舾装件分厂,产品销往全国各船厂、码头、航标处、航道局、海洋局。公司严格按照国家标准和船级社焊接规范要求生产,并先后通过了 ISO9001 质量管理体系的认证和中国船级社(CCS)、地方船检(ZC)、渔检(ZY)以及德国(GL)、挪威(DNV)、日本(NK)、韩国(KR)、德国(GL)、法国(BV)、意大利(RINA)等外国船级社的工厂认可。公司技术力量雄厚,检测手段齐全,售后服务完善,并设有江浙、上海、武汉、重庆、广州、华北等销售分公司,连续获得"明星企业""文明单位""十强企业"称号,是中国长江航运集团、长江航务管理局、安徽省船舶工业公司、安徽省建材工业局、长江三峡通航局定点生产单位。公司还是中国船舶工业总公司联营企业,中国船舶工业行业协会的发起单位之一。

第三节　中垾锚链产业集群发展中存在的问题

一、资源环境问题

（一）交通不畅

近年来中垾镇不断加大社会固定资产投资和工业固定资产投资，政府对交通问题一直十分关注，并且不断加大投资建设力度。但这只对中垾镇内部交通环境有所改善，无力根本改变中垾外部的交通状况。交通不畅对中垾锚链业集群影响表现在以下两个方面：

（1）货物运输成本居高不下。无论是制造锚链的原材料还是锚链制成品，都具有单位价值体积、重量大的特点。交通不便使中垾锚链业集群内的企业不得不承受昂贵的运输成本。运输成本的上升，降低了企业的获利空间，以及企业科技创新的积极性，不利于集群效益的形成。

（2）中垾镇难以成为人们理想的生活之地。交通的不便利，加大了投资成本，既阻碍了人们前往中垾进行长期投资，同时也会阻碍各种人才扎根于中垾镇，从而制约了中垾企业集群的进一步发展形成。

（二）资源缺乏

中垾镇物产丰富，特别是番茄的种植历史悠久，远近闻名。但中垾并不是矿产地，对于生产锚链等产品所需要的钛合金、钢铁等生产原料，几乎全部需要在外采购，因而中垾企业的产品市场竞争力依赖于原材料的价格和上游产品的价格。近年来，以钛合金为代表的上游原材料价格的上涨对中垾镇锚链产业造成了一定影响，使产品生产成本上升。同时，原材料等矿产资源等购入难度增加，也一定程度上影响了企业的生产经营，导致企业盈利能力降低，企业规模难以进一步地扩大。

土地资源方面,中埠镇锚链产业相关企业已经达到80多家,随着企业数量的增加和规模的不断壮大,现有的工业用地面积很难满足工业生产的需要。近年来,国家不断出台严格的土地政策,力保全国18亿亩耕地面积红线。自然资源部不断加大对土地案件的查处力度,土地资源对经济的制约作用显现出来。

(三)基础设施相对落后

中埠镇基础设施建设主要集中在水利、堤坝和乡村道路建设,对锚链产业集群的基础建设投入相对不足。随着集群内企业的不断发展壮大,中埠镇近年来虽然在邮电通信、信息网络、水利枢纽、电网、广播电视等基础设施建设方面有了很大的改善,但相对于其他成熟产业集群来说,基础设施的投入还不够,特别是网络平台和电商平台的建设不足,引导力度不够。锚链企业与国内外的联系和资源共享效率低下,无法及时有效地获取最新的市场行情信息,信息网络和各类商业数据库还没有建立,企业很难获取最前沿的技术和信息。基础设施相对落后制约了集群内各企业的发展和外部经济要素的流入。

二、园区内规划问题

中埠锚链产业园区规划有待进一步优化。一方面,从行业要素考虑,销售展览用地、科研用地和配套服务用地相对缺乏。另一方面,从企业职工需求考虑,职工的配套公寓十分缺乏,地块内公共服务和商业设施较少,职工休闲娱乐和职业培训用地缺少。园区与大多中小城市工业园区一样,以生产空间"多"而"满"为目标,在产业高产低质的"黄金时期"后,生产空间的动力不足,转型升级流于表面。园区内其他空间被生产空间过度挤压,生活和生态空间配置严重不足,园区的空间环境较差。

近年来,中埠锚链园区内主导产业相关产业空间停滞扩张,究其原因主要是缺乏良好的产业用地吸引企业入驻,而招商引资来的企业只能使用园区外围产业用地,导致了产业空间难以更新换代,进而影响锚链产业园区的发展与产业规模效应的形成。此外,大型企业难以入驻,影响了锚链园区内产业空间效益的提升和产业空间的优化。

三、产业规模问题

（一）园区内企业以中小企业为主

2017年国家颁布的《统计上大中小微型企业划分办法（2017）》，"大型企业"要求同时满足职工人数大于1000人且营业收入大于4亿。依此规定，中垾锚链工业园区内目前没有大型企业，主要以中小型企业为主，还有部分小微企业。园区内的高新技术企业不足5家，大部分企业以加工企业为主，产业能级较低。园区企业缺乏技术创新的内在动力，长期处于产业链的低端，难以引领产业创新和资源配置，产业竞争力不强。

（二）产业集群规模小

产业集群内支柱企业的大规模发展可以有效带动其他企业的发展壮大，产生规模经济效应。尽管中垾镇近年来不断加大对锚链产业集群发展的支持力度，巢湖市政府也为其发展提供了一系列政策支持，但这仅仅使企业在空间上集聚，集群内产业结构仍不完善，集群规模较小，专业化程度低。目前锚链产业园区内仅有企业80多家，从业人数8000多人，规模与收益与发达地区的产业集群相去甚远。集群内投资重复现象严重，有效的交流合作很难进行，一定程度上竞争大于合作，不断生产同质化产品，甚至为了抢占市场压缩成本，导致质量不过关，从而不能使生产过程中的每道工序都可以有最佳的产品品种与生产规模，以对抗需求波动对企业生产活动的影响，取得最佳的生产效率，缺乏专业化分工所形成产业集聚带来的关联、配套、协同效应。

四、产品质量问题

在集群发展过程中，各个企业的竞争较为激烈，并大打价格战，迫使企业一味地追求低成本而忽视了产品质量，从而导致产品质量受到影响。集群内除了少数几个较大的企业外，其余的小企业由于受到技术、人才、资金、设备等多方面因素的制约，质量不合格产品的数量不断增加，产业的快速发展难掩产品质量低下的隐患。成为制约中埠锚链产业集群发展的重要因素之一。

五、企业间的合作问题

中埠锚链产业集群内未能形成良好的合作关系、同质化现象严重。园区内部分产业虽在空间上地理邻近,但缺乏主体互动和产业联系。相同产业的企业缺乏生产制造和技术创新方面的合作,大多数企业各自经营,仅生产产业链低端的初始产品。核心企业缺乏对其他配套企业的带动作用,行业缺少市场规范和检测标准,导致产品附加值较低,同行之间的核心企业缺少科技研发的合作空间,企业间更多的是低价竞争,争抢市场份额。在产学研结合方面,与大部分中小城市工业园区一样,企业与科研机构和高校等的合作十分缺乏,科技成果市场转化效率低,同时政府的配套服务空间不足,企业缺少中介机构和政府服务部门,无法提供良好的交流场所和支持创新合作的相关服务空间。

如表 4-6 所示,中埠锚链产业集群内各个企业同质化现象较为严重,主要从事船用锚链、矿山建材、冶炼三个行业,行业较为单一,企业间也很少能够形成良好的合作关系。同时,中埠锚链产业集群内存在一定的低水平重复建设问题,生产同种产品的企业数量过多、力量分散,没有形成一定的规模效应,所以难以形成产业集群的优势。这种各自为政的生产经营方式又会导致集群内部激烈的竞争,而过度的竞争严重压薄集群内企业的利润、制约着集群内企业的发展。

表 4-6 2018 年中埠锚链产业集群各行业企业数量

行业种类	船用锚链行业	矿山建材行业	冶炼行业
企业数量(家)	29	8	5
所占全部企业比重	69%	19%	12%

六、融资困难问题

产业集群的建设与发展需要物质条件的保障,这就需要大量资金的投入。投融资体系为产业集群的发展注入源源不断的新鲜血液,推动产业集群的建设。产业集群的投融资主要由集群基础设施建设投融资和区内企业自身发展投融资两个板块组成，也可根据产品属性划分为公共生产条件投融资和个别企业特别生产条件投融资。中垾锚链产业集群内企业融资困难主要表现在以下几个方面：

（一）锚链产业集群投融资平台融资压力过大

为了让产业集群能更快地带动地方经济，当地的政府制定多条政策支持集群的发展。规划集群规模时并未充分考虑经济上的承受能力，过大的绘制产业集群的规模，集群基础设施建设所需资金缺口更大，同时缺少其他融资渠道分担融资额度，产业集群的投融资平台负担不合理的融资指标，承受融资压力过大。与之相对的，集群政府的财政压力和隐性负债也在逐步增加。集群建设具有较长的周期性。基础设施建设由于资金缺口过大，资金断裂等多种问题，建设项目处于半停工的状态，短期内无法获得收益，地方政府对过多项目进行信用担保，超过合理范围，大大降低了投资者的投资信心，导致部分产业集群投融资平台融资能力下降。

（二）融资渠道单一

中垾镇中小型私营企业缺少正规的融资渠道，发展和投资主要靠自有资本积累或高利率从民间借款。尽管中垾锚链业企业可以通过扩大资产负债率抓住难得的发展时机做大做强，但高成本的资金来源使得企业普遍不敢举借更多的民间资本。中垾镇当地金融机构较少，不能满足企业的融资需求。

近年来，虽然上级政府把建立融资贷款担保机构作为解决私营企业融资难的方法，但实质性进展缓慢，而且担保的额度普遍太小，不能满足企业日益增长的资金需要。现在中垾镇企业普遍感到流动资金缺乏，一些急需的长期性投资得不到落实，融资难已严重制约了企业经济发展的速度和规模，成为中垾企业做大做强的一道坎，也成为中垾人创业的一道坎。同时，有些金融机构出于风险考虑，要求企业之间相互担保，一定程度上增加了企业的风险，可能会由于一家企业的破产而引起连锁反应，导致经营良好的企业由于担保产生的债务问题无法正常经营，获利空间降低。

产业集群政府投融资平台对政府财政补助依赖性强，利用政府信用担保，申请银行信贷额度大。随着集群建设项目不断的增多,银行借贷数额日益增高,负债投资数额增大,负债比例增高,一旦经济形势出现状况,政府财政出现不良现象,政府宏观政策有所调控,减少对产业群内投融资平台的资金支持,则产业集群投融资平台将面临无法还款的财务风险。若产业集群投融资平台一旦发生收不抵支,将经营风险转移到地方政府上,风险也有可能上移,对当地正常的经济运行造成影响。

(三)银行信贷融资难度较大

中埠锚链产业园区内多为中小型企业,而中小型企业的主要融资途径是通过向银行借贷达到融资需求。但由于中小企业的成立时间短,自身财务系统并不完善,由于想要尽快得到借贷,会选择刻意隐瞒真实的财务状况和经营能力,使得银行在考虑借贷审批时,为降低业务风险,而不愿向中小企业放贷。即便银行选择放贷,为降低可能发生的财务风险,银行会选择提高贷款利率,即便是较小的利率调整,对于处于发展初期的企业来说依旧成本较大。无力承受的企业,便转而投向其他方式融资,仍旧选择银行借贷的企业并不代表一定有足够的利润支付贷款利息,在企业发展状况稳定的情况下,企业所受债务影响并不大。一旦企业运营过程中出现业务发展不良的情况,引发企业信贷违约行为,银行将会受到损失,同时企业在偿债能力方面大打折扣,无力正常经营,影响企业平稳有序发展。

与大型企业相比,中小型企业自身经营的不确定性高、规模较小、信用等级低等因素也对中小企业融资造成了影响。缺乏核心的竞争能力,行内竞争激烈,外部市场的瞬息万变,中小企业经营不稳定,资金流入、收入水平、生存能力弱,不能承受行业经济环境的冲击,破产风险较高。一旦发生资金链的断裂,因自身资产积累薄弱,出现资不抵债的状况,部分企业诚信意识的缺失,发生债务逃逸。银行经历坏账总结经验,为控制风险,收紧对中小企业的放贷政策,降低对中小企业的贷款额度。中小企业借贷又一次受到制约,这样的恶性循环造成了中小企业通过银行借贷融资的路径越来越窄。此外,中小企业融资数额小,融资企业数量多,银行在放贷过程中,监管成本高,不易形成规模经济,压缩了银行的收益,降低了银行支持中小企业的倾向。

由于企业采购原材料现款现货,导致"料重工轻"资金占用较多。特别是

2008年10月份以来,国家宏观调控与全球金融风暴效应叠加,虚拟经济对实体经济影响明显,企业普遍开工不足,一部分中小企业处于停产半停产状态,出现了货款难不敢做、资金不足不能做的窘境。近年来,我国相关环境保护政策的出台,在一定程度上也增加了企业的投入,企业环保设备的购进也加大了企业的成本。因此,融资困难长期困扰着集群内各个企业并严重制约着其发展的速度与规模。

七、内部管理制度问题

在中垾镇众多的民营企业当中,绝大多数都是传统的家族式管理模式。这主要源于这些民营企业当初主要都是以当地农民的"凤还巢"的形式建立起来的,即农民工外出打工完成了资本的原始积累之后回乡进行力所能及的投资。这样势必会导致企业和个人、家庭乃至宗族的关系十分密切。家族式的管理模式存在种种弊端,很难适应市场经济条件下企业运作和竞争的需要。

(一)人力资源管理

目前,产业集群人才增长严重滞后于产值的增长,特别是熟练技术工人紧缺,有些企业采取"拿来主义"相互挖人。而家族式管理往往让职业经理人难以适从,人才难以留住。

(二)财力资源管理

自2004年国家采取宏观调控政策以来,银根紧缩。银行压缩信贷规模,同时金融部门贷款权限上划,企业发展外源融资困难。另外,由于锚链原材料价格上涨快,特别是铜材料的价格大幅上涨,企业订单业务量大,在建工程投资需要大量资金支持,货款回笼较慢,导致企业资金运转困难。这对企业的长期发展十分不利。另外一些企业任用家人管理账务,导致账目混乱,企业赢利后的资金被抽出用以个人奢侈消费,企业扩大再生产的速度大大地减缓。

(三)信息资源管理

由于集群内部的信息网络和各类商业数据库还没有建立,对国内外锚链产业市场行情不能及时把握,信息资源管理水平低下,使生产无法实现"柔性化",即企业必须保持一定的库存和产品积压,以库存量决定产量,而非订单量。

（四）企业定位不准

中埠锚链产业集群内多数企业对自身定位不明确,没有认清企业或者集群的优、劣势,以及身边发展机遇或所面临的挑战。

（五）内控制度不健全

大多数企业内部相关制度不健全,内控体系不完善。企业缺乏良好的控制环境,各个岗位职责分工不明确,岗位操作流程不规范。企业缺乏日常监督和专项监督机制,责任人缺乏控制意识。由于相关制度的缺失,使得生产成本增加、产品质量把关不严,进而导致企业整体运作效率不高。

（六）发展战略不清晰

集群内多数企业对发展战略不够清晰,没有认识到自己企业或者企业所在集群的优劣势、所拥有的发展机遇或所面临的挑战。

（七）规章制度不健全

多数企业是家族式的管理模式,没有建立规范健全的现代企业规章制度,用"人治"取代"法治"。一方面,企业内部运行混乱,缺乏监控与牵制,从而使生产成本增加、产品质量把关不严,企业整体运作效率不高;另一方面,相对不健全的企业管理制度容易挫伤员工积极性,人才难以留存,企业发展后劲不足。

（八）缺乏企业文化

集群内大多数企业缺乏应有的企业文化,缺少对员工凝聚力、团队协作能力的培养。大多数企业在发展的过程中不注重企业文化的养成,或者是形成的企业文化不利于企业长久发展,多数企业缺乏凝聚力,在工作中没有形成让员工自觉遵守的共同的价值准则、道德规范,在一定程度上阻碍了企业的长久发展和壮大。

八、人才配置问题

尽管中垾镇的企业家们对人才问题日益重视,采取了一些措施吸引人才,但中垾人才紧缺问题依然相当突出:地理位置相对较为偏僻,难以吸引高技术高素质人才。多数县域工业企业创业人才少,管理人才少,人才外流现象日益突出,一些发展较快的企业已经出现招工难、招技术工更难的现象。管理、技术人才的缺乏,使得企业引进、消化、吸收、创新能力较弱,自主开发能力更是落伍。人才匮乏,直接影响到企业的快速成长,进而影响锚链产业集群的可持续发展。

（一）人才存量少

中垾锚链产业集群内企业员工学历结构如图 4-2 所示。中垾企业每 100 个员工中具有硕士以上学历的员工还不到 2 个人,一半以上从业人员为高中及以下学历,本科及以上学历人员仅占员工总数的 10%,高学历人才的匮乏,在很大程度上制约了当地企业的创新能力。从外部看,集群内企业每年也会引进一些人才,但由于对人才的重视程度不够,待遇不高,很难留住人才。从内部看,中垾锚链产业集群内部的企业管理人员大都来自当地,他们在这里白手起家,一步步做大做强,却始终限于当地,眼界受限。而企业内部的技术人员,也大都来自当地,普遍没有很高的学历与专业水平。总之,受地区限制,重视程度

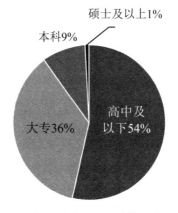

图 4-2 中垾锚链产业集群内从业人员学历

不足等的影响,集群内企业对人才的内培外引都较为困难,从而导致人才极度匮乏,岗位人才配置不合理。

（二）人才素质偏低

中埠镇的大多数企业都是从家庭作坊成长起来的,企业家、管理人员、技术人员绝大部分都是当地人,在企业发展的过程中,企业的发展目标与经营管理,会受到企业的所有者受教育程度的影响,多数经营者存在"小富即安"的思想,在企业做大做强方面缺乏魄力和方法,这也是中埠镇企业多为中小企业的主要原因。

（三）人才引进困难

中埠镇隶属巢湖市,巢湖市作为一个县级市自身影响力和辐射程度有限,在吸引人才方面缺乏先天优势;此外,当地政府的相关人才引进政策不足,目前城市配套设施对人才引进有一定影响。

（四）人才外流现象严重

中埠镇引进的人才大部分是没有工作经验的大中专应届毕业生,这些人之所以选择在中埠镇工作,主要目的在于积累个人工作经验,一旦条件成熟,通常就会离开中埠镇,到发达地区另谋高就。中埠目前有一种新"移民"现象,一些土生土长的中埠人在本地积累了一定财富后,由于不满意于地方"社会工资",纷纷到外地大城市生活工作,这些人的离去对中埠企业集群来讲不仅是一种人才流失,同时也会带来相应的资本流失。

九、市场竞争问题

除了中埠锚链产业集群外,国内外知名的锚链生产基地还有:德国切姆西特、江苏泰州、山东青岛等。相对于中埠锚链产业集群,德国切姆西特锚链产业集群最大优势在于集群内部企业实行"一体化"的生产装置互联、上下游产品互供、管道互通、投资相互渗透,使资源得到充分利用。山东青岛即墨锚链产业集群注重的是区域品牌效应,江苏泰州锚链产业集群注重的是龙头企业的带动作用。故本地区外的激烈的市场竞争制约着中埠锚链产业集群的发展。

近几年,由于国内锚链市场需求矛盾,引起了部分国外企业以超低价格为手段向国内倾销锚链产品,抢占中国市场,严重扰乱了我国锚链产业的市场秩序。这种状况不仅严重危害到国内锚链技术进步和管理创新,还更加促使国内锚链行业的利润空间逐年地降低。

十、政策制度问题

(一)地方政府的税费政策优惠较少

由于地方政府的税费政策优惠较少,对与锚链产业相关的一些配套优惠政策实施力度不强,吸引力度不够。中垾锚链产业集群已有一部分业务订单流向江苏泰州、山东青岛等地,究其原因是当地税收政策较为宽松。

(二)集群行业制度不健全

由于当地政府与中垾锚链产业集群内企业缺乏沟通,对于企业发展中存在的问题没有进行深入的了解与分析,缺乏从政策层面对于整个锚链产业集群的整合,导致对集群企业的发展扶持力度不够。

中垾锚链产业集群内各个企业同质化竞争激烈,企业负责人们认为各有各的路子,谁也不服谁。小企业由于质量体系不健全,管理成本相对较低,为了生存竞相降点接单生产,以价格战的方式展开竞争。中垾锚链业集群虽然集中有80多家企业,但企业之间没有产生类似发达产业集群的分工,产业链也没有得到很好的拓宽和延伸,这不仅缩小了中垾锚链企业成本的进一步降低的空间,也使中垾锚链业集群存在较大的生产经营风险。

同时,由于中垾锚链产业发展规划尚未出台,集群内存在一定的低水平重复建设问题,而且合力不够。生产同种产品的企业数量过多,力量相对分散,没有形成规模效应,也没有形成产业集群的优势。这种各自为政的相对分散的生产经营方式与市场经济企业发展集团化之间存在着突出的矛盾。

企业间的全方位竞争虽然有利于提高资源使用效率,但同时又潜伏着压价竞争的可能,而这种压价会导致整个中垾锚链产业利润变薄。特别是目前中垾的销售员大都游走于不同企业之间,在产品同质的情况下,他们自然会优先经销价格比较低的企业产品,致使产品价格存在不断降低的趋势。近几年中埠锚链产品利润率的下滑与企业间产品的高度同构有着很大的关联性。

行业协会不健全。虽然中埠锚链产业集群早在十几年前就成立了行业协会,但是协会的作用并没有充分发挥,也没有起到加强行业自律、价格自律、制定行业标准、举办商贸活动的作用。

十一、技术创新问题

(一)科技创新能力不足

创新能力所产生的竞争优势对于产业集群来说是必不可少的。创新效应是集群加速发展的关键环节,许多发达地区早已意识到市场对创新能力的高需求,投入了大量的人力、物力、财力以增强集群内的创新能力。长期以来,中埠的锚链产业生产的产品倾向于依赖集群内部的大型企业进行生产,大多数只根据船舶、运输的生产图纸进行加工,制造缺乏创新和自主意识,属于劳动密集型产品,核心技术竞争能力不足;集群内锚链企业所需的关键零部件的加工大多从外面购进,本地区的零部件生产技术不能达到要求,这样就形成了集群内锚链零部件企业生产过多产品,却不能满足船舶、航运等上游企业的需要,还需从外面购入的局面,很难适应灵活多变的市场需求;此外,创新的基础在于人才,这就需要一批具有高新技术能力的高端人才,但是集群内高端人才供给不足,与研究机构、高校的合作关系不够紧密,技术研发平台的建设不够完善,这些原因使得集群内科技创新能力不足,产品开发体系不完善,产品附加值低。

(二)产品质量不高

由于客户在选择最低价中标、市场销售机制刺激以及企业原材料进货和生产过程检测不严等因素的影响,导致产品质量不高,生产不合格产品的潜规则成为行业内的事实,产业虽快速发展但难掩产品质量低下的忧患。除集群内少数几个大企业外,其余企业由于受高新技术科研人才的缺乏、资金投入不够和重视程度不高的影响,产品创新速度缓慢、生产设备陈旧,生产流程有待进一步优化。

十二、产业链问题

中埠锚链产业与其上游造船、船舶运输等产业发展不匹配,产业链不完善。远洋运输的不断发展使船舶产业发展迅速。但是,锚链等零部件产业作为船舶产业链上关键的一环,发展却没有同步,出现配套脱节现象,滞后于船舶制造产业的发展。在船舶制造产业链中,锚链零部件产业一直处于被动地位,只是根据上游企业要求进行生产,很难参与自主研发,不能很好地借助于船舶制造产业的发展优势来提升自己的综合竞争力。

十三、品牌问题

中埠锚链产业集群自形成以来,能够不断提高区域品牌价格、扩大市场占有率,主要依靠以下两个优势:低价竞争和密集营销。这两点在集群形成初级发挥了极大的作用,但随着集群逐渐过渡到成熟期,随着锚链产业的升级改造,集群内各企业未能抓住良好机遇,把企业发展核心转到科技研发上来,而是继续传统的价格和营销,错失产业集群升级改造的良机。品牌是一种重要的无形资产。目前中埠锚链产业集群的品牌建设主要存在以下几方面问题:

(一)缺乏地方区域品牌

中埠作为巢湖市的一个小镇,是一个具有"孤岛现象"的经济体,地方社会知名度还很低;中埠锚链产品总体技术含量比较低,主要依靠低价格优势占领市场,给客户并不是生产高档次产品。因此,可以说中埠还没有形成真正的区域优势品牌。

(二)缺乏企业自有品牌

中埠锚链企业80余家,但只有少数企业有自己的品牌,中埠的多数企业在20世纪80年代就广泛采用贴牌生产模式,贴牌生产模式对中埠企业的快速发展,功不可没。但长期的贴牌生产只能使中埠企业沦为其他地区企业的附属,成为一个比较低级的制造基地,难以获得自有品牌带来的增值。这对一个具有庞大生产力的企业集群来讲,是一个巨大的利益损失。

(三)营销方式问题逐渐显露

中埠的产业发展在很大程度上依靠的是一支活跃的销售员队伍。现在园区内共有3000多名专业销售员,占员工总数三分之一。他们走南闯北,为企业传递信息,拿回订单,在企业和市场之间架起了一座无形的桥梁,是企业调度生产、调整结构的"顺风耳"和"千里眼"。正是因为这些销售人员的不断努力,中埠的锚链产业在国内市场上占有越来越大的份额。但这样的营销方式也逐渐暴露出问题:一方面销售员大都游走于不同企业之间,在产品同质的情况下,他们必然会优先经销价格比较低的企业产品,致使中埠锚链产业产品价格存在不断走低趋势;另一方面销售员素质普遍不高,在利益的驱使下,为了拿到订单,往往互相诋毁,使集群内企业关系僵化,竞争更加激烈,不利于集群的健康发展。

(四)名牌产品鲜见

在市场买方主导条件下,质量和品牌已经成为企业的重要发展趋势,市场上存在消费者认牌购物的现象,在市场竞争中,企业之间的差距不仅体现在创新和技术上,也体现在品牌上。因此,实施品牌战略,创出名牌产品,成为企业适应市场竞争、创造竞争优势的必然选择。中埠锚链产业集群内虽然有80余家企业,但名牌产品较少,与中埠镇经济发展规模存在很大反差。

第五章　中埠锚链产业集群发展阶段分析

产品生命周期理论及企业生命周期理论是研究产业集群的演进历程的重要依据。从理论上讲,我们可以将产业集群的发展过程分为形成、快速成长、成熟、更替四个阶段。本章以产业集群生命周期的演进为理论基础,对中埠锚链产业集群的发展过程进行阶段性划分,确定它现在所处的阶段,并分析这个阶段的本质特征,以解决这一阶段发展中所存在的问题。

第一节　产业集群生命周期

纵观国内外有关集群生命周期的理论,众多学者的观点各不相同。历史上,美国哈佛大学的弗农教授首次提出产品生命周期理论,他认为,产品生命是指市场上的营销生命,要经历一个开发、引进、成长、成熟、衰退等五个周期。产品生命周期理论问世后,迪奇在其基础上提出了产业集群生命周期假说,将集群生命周期划分为诞生、成长、成熟、衰退四个阶段。

19世纪末期,马歇尔提出了产业集聚的概念,并发现了"内部经济"和"外部经济"的集群效益。

本书认为,同产品、产业一样,产业集群也具有生命周期,其发展与生命周期规律有着较大的相似性,具有明显的阶段性特征,见图5-1。从产业的角度来看,产业是产品的集合,产业的成长、衰退与产品的价值、购买量、市场占有率密不可分。同理,产业集群是区域内的企业集合,企业进入和退出市场势必会影响产业集群的发展。

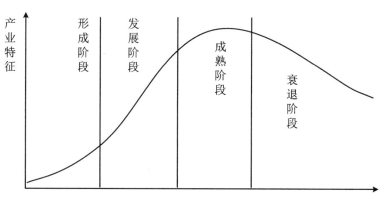

图 5-1 产业集群生命周期的产业特征对集群发展阶段的影响

产业集群在形成、发展、成熟、衰退四个阶段中有着不同的特征指标。集群各发展阶段反映的集群生命周期特征指标情况如表 5-1 所示。

表 5-1 集群各发展阶段反映的集群生命周期特征指标

特征指标	形成阶段	发展阶段	成熟阶段	衰退阶段
集群内企业数量	一般	多	非常多	一般
垂直产业链长度	短	长	非常长	一般
集群内资源完备程度	低	高	高	一般
集群内企业合作强度	低	一般	高	一般
政府扶持力度	一般	高	非常高	非常高
集群内企业竞争强度	一般	高	非常高	低

资料来源:根据《柴达木枸杞产业集群演化分析研究》整理。

一、形成阶段

最初,同一个地区内具有创新精神的一批企业家建立了一些快速增长的新企业,这些企业之间相互集聚,吸引其他企业不断进入这一地区,企业通过集聚获得了集聚效益,可以更加充分利用各种内外部资源。

但是,在产业集群的形成阶段,创办或引进的大多是同种类型的企业,产品同质化严重,集群内主要以小型企业为主,缺乏核心竞争力,企业竞争强度一般。这些企业只是空间上的简单集中布局,集群内垂直产业链长度较短、企业合作程度较低,企业之间缺乏合作交流,未形成产业关联和分工协作,集群内企业之间缺少呼应,集群的资源完备程度较低,缺少对产业集群发展的资源支持,政府扶持力度不强,且企业严重缺乏技术创新,企业的技术创新能力有待提高,仅仅存在地理空间上的集聚关系,呈现出的状态是"集而不群",企业集聚效益没有真正发挥。

二、成长阶段

随着大量新企业的进驻,使这一地区吸引力不断增强,逐步向集群发展。纵向的上下游企业,横向的相似企业,开始相互连接形成集群的主体。同时,政府机构的支持以及基础设施的完善又为集群的形成提供了强有力的支撑。集群内网络逐渐形成,多样化企业经营战略得到迅速发展,集群进入了实质性增长阶段。这种社会网络对集群中的小企业至关重要,企业相互接近,导致各种思想、技术和信息传播速度加快,从而促进小企业的模仿。产业集群进入了趋同阶段。

到了成长阶段,企业规模迅速扩大,推动集群内企业数量的迅速增加,同时集群内企业竞争强度、合作强度不断增强,为生产同类商品的企业加强沟通、合作与分工助力。随着集群的不断发展,集群内长期以来积累的财富使得集群内的资源、生产设备等都有了较大的改善。企业为了提高竞争能力,更加重视创新能力的提高与科技人才的引进,从而推动集群范围的扩大。同时,快速发展的中小企业由于缺乏大企业的支持,会出现人才质量不够高、技术水平不精准、资金不到位等问题。

三、成熟阶段

随着完善的基于价值链的集群分工网络的形成,产业集群进入了成熟阶段,产业集群趋于稳定,企业间既竞争又合作,联系非常紧密,显著增强了集群的竞争优势。在这一阶段,产业集群已经有能力实施全球化战略,在国际市场上获取原材料并销售商品,进入全球价值链体系。

成熟阶段标志着一条完整的产业链条已经形成,企业垂直产业链非常长,集群内企业合作强度、资源完备程度强,从各方面来说都已经达到了集群的巅峰。集群内的企业在富有优势的环境下,发挥出企业的创新能力以及竞争优势,逐渐形成区域品牌效应,进一步推动区域经济的发展。

四、衰退阶段

迅速上升的资源竞争将导致成本增加,在这一阶段成本的上升使企业的竞争力急剧下降,出现产业集聚经济的下滑。同时,在现有的集群中,地理上的相互接近使得成果信息能被其他企业迅速获取与效仿,创新减少。随着集聚效益不经济的继续,集群规模出现负增长,导致整个集群进入衰退阶段。

衰退阶段是产业集群生命周期的最后一个阶段,由于市场环境不断更新,经济环境变化多端,市场需求存在主观心理等因素影响,集群内的企业数量开始缩减,丧失竞争力,逐渐走向没落。此时,集群内部分企业为了适应市场的新变化,提出产业转型和产品升级的新战略。但集群内的大多数企业短时间内无法适应市场环境的变化,导致企业之间的恶性竞争取代了分工与合作,从而技术创新停滞,内部资源迁移,生产效率低下。最终,集群内企业数急剧减少,竞争力下降。

为了使产业集群持续健康发展,需要调整战略和定位,此时通常通过调整产业结构、鼓励产业创新、完善组织架构等措施,促使产业集群回到快速发展轨道,保持产业集群的竞争力。然而,并非任何产业集群都能持续发展,只有成功地进行战略调整,才能保持活力,进入新的产业集群生命周期。

第二节 产业集群各发展阶段的主要特征及战略应对

一、产业集群形成阶段的特征及战略应对

(一)产业集群形成阶段的特征及其规律

区域产业集群一般都经历了企业数目由少到多,产业规模由小到大,产业联系由弱到强的发展过程。产业集群的形成是产业集群发展过程的第一阶段,它是产业集聚规模由小到大不断发展并达到集群规模的过程。

通观国内的产业集群,其基本类型可以分成两类,即外资企业集群和民营企业集群。外资企业集群处于具有相对优势的区位,如深圳、东莞、上海、苏州等,而且集群行业相对集中于知识、技术密集型的高新技术产业,如电子计算机外部设备制造业、半导体器件制造业、集成电路制造业、电子元件制造业等。民营企业集群以浙江"块状经济"为典型代表,其分布在永康、大唐、海宁、柳市等地,主要集中于劳动密集型的产业,如五金、袜业、皮革、低压电器等。行业对集群区域的选择主要考虑以下几个因素:

(1)资源禀赋。任一产业的发展都必然表现出对本地资源(包括各种生产要素)的诉求,而资源的搜索、运输和使用总需要成本。因此,如果某区域拥有某类产业发展所必需的大量的相对廉价的或相对优质的资源,则此区域往往会成为集群的自发地。

(2)产业基础。一般来说,一个区域中已经存在的具有一定数量和规模的企业可以增加区域产业的吸引力。已有企业的存在部分地说明了这种产业对此区域的适应性,为区外域集群企业提供了参考,降低了区外企业因对区域产业发展条件认识不足而带来的风险。一定数量同类企业的存在,为新企业的生产提供配套产品或服务,这些便于它们之间的分工合作。

(3) 市场辐射。在经典的区位理论中,企业选址时常常需要综合考虑这样一个问题:选址时企业是更靠近销售市场还是更靠近资源供给地?经典理论从运输成本节约角度出发,给出了寻求具有最佳成本地点的方法。其实,随着生产力的不断发展,企业所需的生产要素已由远古时代的单一或少数几种转变为对大量的生产要素的需求。而且,影响企业区域定位的因素也较为复杂。因此,经典区位对现代企业选址的实际意义已不大。但在考虑企业所需资源约束前提下尽可能将企业置于具有较强辐射范围的区域,仍不失为企业一种理智的选择。企业凭借区域的市场辐射能力,可不断强化自身产品的影响,进而不断扩大市场份额。

(4) 环境因素。这里的环境因素有两层含义:① 产业发展的硬环境,主要指自然环境、交通便利性、通信畅通度等;② 产业发展的软环境,主要包括区域人文环境、创业或创新意识、制度公开透明度、政策的优惠性等。优良的区域硬环境,为产业发展提供了必备的资源、物资和信息流动的便利条件,提高了效率,节省了时间,创造了市场机遇;优质的软环境为产业发展提供了稳定、和谐、创新的区域氛围,还可激励企业间的竞争与合作。

在形成阶段,产业集群有着某些共同的特征,见表 5-2。

表 5-2　产业集群形成阶段的特征

因　　素	形　成　阶　段
集群网络	企业间以及企业与区域内其他行为主体尚未形成经常的合作关系,合作只是在中小企业相互之间展开,尤其以上、下游合作为主,企业与中介机构的合作较少(中介机构发育缓慢),企业通过外部网络联结进行创新的功能发挥得不够,区域内产品的出口额度不断增加,但在国际市场中的竞争力不突出
企业之间关系	大量中小企业出现,并在空间集聚过程中进行明显分工,企业在生产过程中新技术、生产方式逐步柔性化,出现更加先进的生产模式
集群创新	区内的创新环境(社会文化)仍未形成,信任基础不稳固;企业间的合作关系受到利益驱动时,容易发生动摇
劳动力	劳动力提供相对充足,但高素质的技术和管理人才供不应求
竞争优势	主要利用土地资源或地理位置获得竞争优势
经济特征	区域内的经济活力比较旺盛,区内人均 GDP 高于全国水平(一般是 1.5~2 倍,有的甚至相差几倍),经济增长速度快于全国平均水平

（二）产业集群形成的界定

我们认为在集群的地域范围内，必须具备相同的地理环境背景和人文环境，因为只有具备这些因素，集群才有可能实现知识扩散及充分的资源共享与分工。这也是界定一个集群地域范围的重要判定依据。要界定一个地区产业群是不是产业集群，什么级别的产业集群，首先应该从集群的规模及影响力来分析。如果是一个地区级产业集群，那么该地区产业的总产值、企业数量、专业劳动力数量必须相对于本省的其他地区占有绝对优势。

在此我们提出一个指标来进行衡量，本地主导产品总产值（以乡镇为单位，可包含其辐射的周边村镇）占本省该产品总产值比例 r。一般来说，要成为一个地区级产业集群，r 应达到一定比例，这个比例我们认为至少应该在 3%～5%；要成为国家级产业集群，其本地主导产品总产值（以县、区为单位，可包含其辐射的周边县区）占全国该类产品总产值比例应达到 3%～5%；要成为世界级产业集群，其本地主导产品总产值（以地级市为单位，可包含接受其辐射的周边城市）占全球该类产品总产值比例应达到 3%～5%。当然，该指标并不是唯一绝对的评判标准，毕竟我们应该注意到在不同行业、不同地区、不同发展阶段存在的产业集群差异，故对于产业集群级别的界定也存在相应区别，如产业集群在形成阶段或者成长阶段比例要求相对较低。

界定产业集群的另一个非常重要的评判依据是在本地产业发展初期该地区产业的发展前景。产业集群与产业群是截然不同的两个概念，一个地区存在同类企业的集合并不代表它一定是产业集群，具体应判断它是否存在产业集群所具备的各种效应，从经济的角度看，这些效应体现了经济成本的节约及效率的提高。在此我们利用统计年鉴数据，从集群的外部经济角度通过几个指标来衡量其发展前景，这几个指标主要说明当地产业的产值增长率是否大于其投入增长率：当地产业产值增长率/该产业投资增长率的比值是否大于1；当地产业产值增长率/该产业专业人员增长率的比值是否大于1；当地产业产值增长率/该产业企业数量增长率的比值是否大于1。

当以上比例均大于1时，我们认为该产业具有较好的发展前景。

在对产业集群中的产业进行界定时，我们还应当注意到集群的基本特征，如集群是围绕某一产业而形成的,在某一区域内相对集中等。目前对于工业产业的分类,仍然存在许多不同的分类标准,而且标准产业分类体系过分关注单独的产业,忽略了不同产业之间的重要联系以及它们之间的竞争关系,增加了集群界定的难度。同时,在界定过程中,我们还应该注意在产业集群发展的不同阶段,集群的特征也不相同,如在形成期集群中仍较少存在劳动分工和既竞争又合作的关系,但到了成熟期,这种特征就非常明显。

(三)产业集群形成阶段的战略应对

从这些集群经济产生的诱因以及集群在产生阶段的特征我们可以发现,在这一阶段我们很难确定集群能否形成。但从目前我国很多地方的区域经济来说,都存在着一些具有一定地区优势或特色的产业,这些产业虽然未形成集群,但是已经具备形成集群经济的一些条件,即拥有一定的内部力量,在这种情况下可以提出针对这些特色优势产业的集群发展战略,加速这种内部力量的影响,甚至可以通过一定形式引入外部资源来帮助其发展。当然这种战略应该建立在现有产业经济发展的基础上,而不能过多地依赖政府干预凭空地创造集群。

政府应该明确在这一阶段的主要职能,政府在产业集群建设中的永恒角色是"裁判员",绝对不能代替企业做"运动员",也不应该做"规则制定者"。所以在这一阶段的集群发展战略中,政府应是产业集群形成的启动者和宣传者,主要的工作集中在:

(1)提供完善的基础设施。完善的基础设施是企业发展的先决条件,在集群企业入驻之前,集群应该具备便利的交通道路设施以及水、电、天然气、排污等管网设施,以及先进的通信设施、完备的公共服务设施等,从而使集群中的企业没有任何后顾之忧。

(2)提供多种信贷支持。政府为缺乏足够资金的企业提供多种信贷支持,以吸引企业进入集群。信贷支持的内容可以包括企业固定资产投资的信贷担保、企业设备采购专项贷款、企业流动资金专项贷款、产业投资基金以及扶持中小企业发展的风险投资基金等。有了这样的信贷服务支持,使企业能够有更快的发展速度和更高的发展起点,同时,提高企业对未来收益的预期。

(3)提供市场交易平台。政府可以通过在集群周边兴建专业的产品交易市场,吸引相关的贸易商前来开展贸易活动,为企业解决市场问题。同时,政府还可以加大对集群宣传的力度,塑造集群统一的对外形象,提高集群内企业产品的市场辐射能力。

(4) 提供足够的优惠政策。优惠政策主要包括税收优惠、土地出让优惠以及厂房购置优惠等,尽量减少企业入驻集群初期的财务压力。

(5) 人力资源服务。政府可以为企业提供招聘、人才推荐、人才测评、员工职业技能培训与再教育等服务,从而减少企业为此所做的投入。

二、产业集群快速成长阶段的特征及其战略应对

(一) 产业集群快速成长阶段的特征

经过一段时间的发展,一些具备核心技术和较好管理模式的企业,从为单一企业加工拓展为自产自销、分包合作的多种渠道,企业逐渐壮大,在淘汰掉一些实力相对薄弱不适应集群生存企业的同时,本身也出现了技术人员跳槽或自主创业的裂化现象。集群步入快速成长阶段。

这些新成立的企业由于自身的技术及规模限制,一定程度上需要依靠核心企业生存,集群初步形成以 OEM(Original Equipment Manufacturing,原始设备制造)为主要生产方式的中卫型结构,即核心企业将大部分的零部件委托给外部中小企业制造,而加大其自身的专业化程度。这一组织方式既有利于技术创新,改善中小企业技术创新和转化能力的不足,又避免不同规模、不同技术层次的企业之间过度竞争,使产业集群内的中小企业数量和质量都有了很大提高,集群的规模优势逐渐体现。这个时期,企业集群中小企业数目增长速度加快,与大企业在生产、经营、资本、技术多方面展开的协作得到大大增强,集群发展初期的单一产品经过不断分工改进,形成由多种产品构成的产业链。随着产业集群规模的快速扩大,集群中的企业与企业之间渐渐出现了信息不通、沟通不便等现象,产业集群的成本优势和地域优势逐步衰减。同时,集群中的核心企业也在自身发展中遇到了诸如资金、人才等技术创新瓶颈,迫切需要外界力量的介入。于是,在核心企业、小企业和科研单位、政府之间的中间层组织(如各类中介机构)开始萌芽,并且开始通过它们的"黏合作用",将集群各部分逐渐

组成沟通合作网络。

由于网络外部化作用（网络效应）的存在，最先进驻企业的区位出现了扮演核心以及孵化器的角色，不断吸引和产生新企业进入集群，促使集群向发展临界规模靠近。企业之间组成纵横交错的高度联结网络。联系的关键因素不只是原材料、零部件等物质因素，还有技术、信息等非物质因素。同时由于信息交流渠道和对话模式的建立，初期集群内因市场失灵和制度失效导致的公共物品供给不足也会大大减少。整个集群的合作性、协调性和配套性进一步完善，各项优势作用得到很大体现，并且在达到临界规模后，进入快速发展期。

在快速成长阶段，各个产业集群有着某些共同的特征，见表5-3。

表5-3 产业集群快速成长阶段的特征

因　素	形　成　阶　段
集群网络	核心企业具有技术、品牌规模优势，企业内部的生产方式和管理模式基本柔性化，专业化程度提高，部分中小企业成为分包商，以大中型企业为核心展开纵向、横向等多种形式合作，并且和中介机构的合作日益加强
企业之间关系	区域内中小企业持续衍生，企业自生或中小企业从大企业中剥离出来，区内企业处于高存活率状态，企业之间形成长期合作关系
集群创新	区内的创新机制日趋完善，企业文化、区内社会文化逐步建立和改善，信任基础也逐步稳固
劳动力	劳动力市场日趋丰富，高素质高学历人才大量涌入
竞争优势	成本优势、效率和灵活性优势、市场优势
经济特征	区内人均GDP大大高于全国的平均水平

（二）产业集群快速成长阶段的战略应对

在产业集群成长阶段，随着集群内知识扩散效应的传播，开始出现大量生产同类产品的企业，企业数量的急剧膨胀，使得区域内基础设施环境面临超负荷运转的风险，各种生产要素无法及时得到供应。同时由于同类企业出现后大大提高了生产能力，造成产品大量积压，这些过剩的产品如果不能被市场及时消化，将会产生同类企业之间的恶性竞争。这些都是集群进入成长阶段将面临的主要问题。

在此阶段,政府应把精力放在对产业集群的宏观指导上,对产业发展进行总体规划,保证其产业结构的优化,在现有政策背景下尽可能为那些已经形成一定规模、具备相当潜力企业的发展创造便利条件。同时,政府应实施一些相关的配套战略,除了基础设施配套以外,还包括生产要素配套及产业配套,其中生产要素配套包括技术、劳动力及资金等生产要素。主要方式有:

(1) 加强集群文化建设。产业集群作为一种组织形式,需要有自己的文化体系作为补充。政府应通过各种途径培育集群文化的形成,促进集群文化与地域文化的交流与融合。

(2) 促进产业集群内企业的交流。通过正式和非正式的交流,企业之间可以相互学习、相互交流、相互合作,形成既竞争又合作的相互促进的局面。而政府可以通过企业协会、行业协会等组织来实现正式交流,并通过举办各种集群活动来实现非正式交流,增进企业的交流。

(3) 政策优惠弱化。政府提供的优惠政策不能无限期延续。随着企业生产步入正轨,政策上的优惠应该逐渐淡出,在土地、厂房上的优惠应该适时缩小。优惠政策应当转向研发方面,重点支持自主创新工作的开展,资助集群内的创新项目,为其提供资金扶持和税收优惠,引导集群向加强研发工作的转变。

(4) 加强企业与科研机构的联合。政府应当有意识地促进企业与大学、科研院所的合作,使科研机构的科研成果转化为企业的产品。出台相应政策,鼓励科研成果产业化,进一步引导集群转向研发工作。在这个阶段,集群内企业可能面临恶性竞争问题,如产品质量低劣、价格战、广告战等,这种恶性竞争主要起源于集群内企业的生产力过剩和产品高度同质化等因素。在这种情况下,虽然市场具备一定的自我调节机制,但市场机制的调节过于缓慢且效果不明显,因而区域政府可以通过宏观调控措施来进行调节,如设立一定的质量标准、打击伪劣产品,鼓励技术创新来解决产品同质化问题,通过专家咨询及举办各种区域经济研讨会来帮助企业提高经营管理水平。

三、产业集群成熟阶段的特征及其规律

(一) 产业集群成熟阶段的特征及规律

在经历快速发展阶段后,产业集群的各类配套基础设施逐渐完善,各企业之间的信息和资源得以迅速流动,成本优势得到充分发挥,具备了适应其产业的规模效应;同时,集群中卫型结构中的大多数中小企业之间分工更加细化,企业增长速度变缓,网络联结度和配套度保持在一个相对的高度,整个集群逐渐形成以网络为基本连接形式的生产生态结构,步入相对稳定发展的成熟期。在此生态结构中(如图5-2所示),往往存在几家到十几家的"小巨人"企业(核心企业),它们一方面依靠科研机构以产学研结合的模式不断进行技术创新,保持自己的核心竞争力。另一方面不断地把非技术性关键的生产制造环节通过中介组织转包给集群内的中小企业,彼此之间建立紧密的协作关系,形成类似扁平化组织。在这个组织的底层,各中小企业通过既合作又竞争的方式维持着产业集群的产业链,在一种动态的稳定中促使产业生态不断优化。同时,此阶段的产业集群一般都具有了"区位品牌",即产业区位是品牌的象征,如法国的香水、意大利的时装、瑞士的手表、西湖的龙井等。这样的区位品牌与单个企业品牌相比,更形象、直接,是众多企业品牌精华的浓缩和提炼,更具有广泛的、持续的品牌效应。

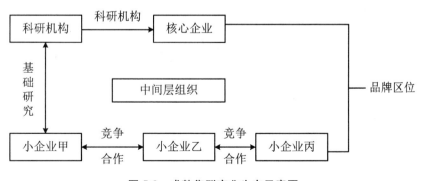

图 5-2 成熟集群产业生态示意图

在成熟阶段,各个产业集群有着某些共同的特征,见表5-4。

表 5-4　产业集群成熟阶段的特征

因　　素	形　成　阶　段
集群网络	区域内形成超分工合作,主要是企业与中介机构以及中介机构之间的全面合作,使区内企业与区外企业的联系日益增强,形成了分工合作的产供销机制,区域内的核心产品具有很高的市场占有率
企业之间关系	区域内仍有企业诞生,但企业存活率下降,总体来看,企业还是保持平稳的发展,同时已经出现了一批具有很强竞争力的核心企业
集群创新	区域内通过创新网络联结不断增强创新功能,特别是自主创新功能很强
劳动力	劳动力市场非常丰富,劳动力在区内高频率流动,并出现向区外流动的现象
竞争优势	集群网络、集群创新
经济特征	区域内经济结构进入其发展的良性循环与调节状态,人们的生活质量高于同地区的其他水平

(二) 产业集群在成熟阶段的战略应对

进入成熟阶段后,集群已经形成了比较完整的、配套的产业链体系,集群内各企业间的联系广泛密切,企业间彼此既合作又竞争,形成了一个坚实的网络。而且区域内的基础设施基本能满足企业发展需要。在成熟阶段集群面临的最大问题是集群内部可能产生僵化,即随着时间的推移,集群内企业的竞争领域可能被限制在集群内,竞争战略开始缺乏创新性。被限制的集群会产生竞争盲点,从而限制集群企业创新潜力的发挥。这种相互依赖的网络随着时间推移形成了相对于集群外企业的惰性和僵化现象,用新制度经济学的解释叫路径锁定。这种路径锁定可能导致集群的发展陷入停滞甚至提前进入更替期。

集群产业发生僵化的主要原因有:

(1) 行业技术发生重大改进而集群企业没有察觉,技术的落后使企业难以形成核心竞争力,导致集群企业丧失竞争优势。

(2) 市场需求的变化造成集群地需求与外地需求之间的分离,如果集群企业没有发现而以集群的需求推测外地需求,将在竞争中失利。

(3) 集群企业过分向内看,就会产生集体惰性,难以接受新思想,更不能认识到激进创新的需求等。

在成熟阶段,可以从以下几方面入手对产业集群进行扶持:

(1) 根据产业特性,为企业选择新的经营领域,使产业集群进入新的具有发展前途的领域。

(2) 进一步重视研发工作,开发新工艺品和新产品,延长产业集群的生命,从技术创新上促进产业集群结构升级。

(3) 树立集群品牌效应,积极维护并推广集群的品牌,使其被消费者接受,从而为产业集群带来持续的竞争力。

集群的僵化思维导致集群产生集体惰性,缺乏对当今全球技术变化以及全球市场需求的关注,当技术发生重大变革或消费者需求产生较大变化时,集群内企业没能及时发现,导致整个集群竞争力的下降。实施全球战略的好处除了可以跟进当今全球技术趋势及消费趋势外,还能够使集群内企业充分利用全球资源,降低生产成本、提高管理水平,从而带动集群竞争力的提升。正如波特所言:"任何企图维持产业集群成员只在本地活动,以确保竞争优势的做法都是错误的,最后还会造成反效果。"

四、产业集群衰退阶段的特征及战略应对

(一) 产业集群在衰退阶段的特征及规律

产业集群经过初创、成长发展后,便达到成熟期。在一定的时期内,产业集群规模相对稳定。然而,当我们换个视角,从产业集群的历史发展阶段来看,区域的某一产业集群在经历成熟期后,其必然要继续发生演进,其要么跃迁(或称为正向更替),要么衰退(或称为反向更替)。影响产业集群这一阶段发展的原因是多方面的,下面分两种情况进行分析。

1. 产业集群的衰退

对于产业集群衰退的原因,从集群产业内部看,主要由于产业内企业缺乏整体推进、协同发展的内在机制与能力。首先,若处于产业链条上的供求双方的能力不匹配,将会降低产业集群的吸引力。当产业集群达到成熟规模时,尽管在产业集群内部已形成相对稳定的供应链关系,但企业的供求不仅面向集群产业内部,而且面向产业外部市场(即所谓"非本地网络"),这时如果产业内部

供给方产品的质量、性能、价格、服务不能跟上需求方的要求,将弱化集群企业间的联系。其次,产业集群内部产权不明晰和分工不足会导致集群内需求下降,进而导致产业的吸引力下降。我国学者仇保兴在研究产业集群的形成时发现,在我国东北许多大城市,尽管工业企业的空间密集度很高,但却没有发生企业间的专业化和协同,没有形成马歇尔所说的"外部经济"。他指出出现这种情况的原因是那些企业大多是产权不甚明晰的国有企业,企业小而全,大而全,企业间专业化分工水平低,结果反而在市场竞争中渐渐地落后于江浙的小企业群。再次,同类企业间的不正当竞争、过度竞争,和较高的行业退出壁垒,将会恶化整个产业的生存环境,有可能会出现"柠檬市场"。最后,产业内部缺乏足够的信任与承诺以及维持它们存在的约束机制,将会弱化企业间的协同效应。此外,客观上讲,科技的发展,通信、交通条件的改善,计算机网络的普及,削弱了产业地理集群的必要性。从集群产业的外部环境看,竞争机制的作用将会使同类集群产业的不同区位中的劣势区位处于不利的竞争地位。区域经济发展较慢的产业集群区的竞争力下降,会引起产业衰退。产业在发展的同时也在不断改变着自身组织的生存环境,没有不断调整的完备的本地化网络,不利于产业集群的进一步发展。此外,产业集群的发展使区域条件、管理方法、制度、创新供给不足也是产业不能持续发展的原因之一。

在产业集群的衰落过程中,部分企业因自身的技术创新、产品更新的能力较差而被淘汰;部分实力较强的企业只能通过企业迁移、改变区位来求得企业的发展;部分承受不起巨大转换成本的企业只能在本地发展。企业迁移已成为影响产业集群区域布局的重要因素而受到学者的关注。从我国北京中关村电子企业的"孔雀东南飞"(南下珠三角)到珠三角企业"南雁北飞"(北移长三角),可见企业迁移的普遍性。企业迁移尽管可以促进集群规模的缩小甚至加速集群的衰落,但其并不是产业集群衰落的真正原因。产业集群的衰落与集群内部企业间不能协同发展以及产业组织和环境之间兼容性恶化有关。

2. 产业集群的跃迁

如果说衰落是成熟产业集群的一种演进方向,那么跃迁便成为其演进的另一方向。如果集群产业能够与区域环境共生,随着产业的不断发展,产业组织及其所在区域环境都能不断进行相关的调整,使得产业内部企业之间以及产业与环境之间能彼此适应、协同发展,从而使产业集群的发展层次由低级向高级演进。

(二) 产业集群更替阶段的战略应对

当集群的竞争力开始不断下降,集群步入更替期后,集群面临着来自新产业区的激烈竞争。在这个阶段,政府在集群发展规划的战略重点是跃迁战略,通过跃迁来使集群发生彻底变革,重新获得较强的生命力,再次进入成长阶段。一般来说,我们认为集群可能通过几种方法产生跃迁:

(1) 通过技术变革、管理创新或营销创新来提高生产效率、降低生产成本、改善产品质量以使产品重新获得市场竞争力。

(2) 通过技术创新、新产品研发等形式增加产品种类款式、开发新产品以满足不断变化的市场需求。

(3) 实行市场转移或市场开发,开拓新的市场以延长产品生命周期。

(4) 通过横向、纵向一体化进入新的产业,实现产业转型。

以上的技术变革创新、管理创新等除了企业、区域内自身创新的缘故,还可能是因为在集群中有新的企业进入或者引入了新的技术,这些企业先进的生产管理水平和技术在集群内扩散,从而带动了集群内企业的跃迁。所以在这个阶段,政府的集群发展规划除了鼓励集群内企业进行技术创新、管理创新、市场转移、市场开发和横向、纵向一体化进入新产业外,还可以通过政策性措施在区域内引入新的开拓性企业或引入新的技术,来带动整个集群产生跃迁。

最后,产业集群的发展阶段不是绝对的,具有持续性的,可能在集群发展初期,没有等它成长起来就更替或消失了,这往往是因为在集群外出现了一种新的技术代替了集群内的技术。所以,集群战略规划并不是一成不变的,要随着集群发展环境的改变而不断的调整,从而保证集群能够实现持续而稳定的发展。

五、产业集群度测定方法

前文介绍了集群生命周期的四个阶段,接下来,将采用产业集群测定方法判定中埠产业集群所属的集群发展阶段。

产业集群是产业集聚的结果,产业集聚是产业集群在一定区域内同一产业集中化发展的反映,对产业集群的形成进行动态化描述。测定产业集聚度常用的计量方法有:行业集中率(CR_n)、洛伦兹曲线、基尼系数、赫芬达尔-赫希曼(HHI)指数等。本书将选取行业集中度和HHI指数进行测算。

(一) 行业集中率(CR_n指数)

行业集中率是指排名在集群内前N家企业且规模最大企业占有市场份额之和。测定产业集聚水平最简便的指标就是行业集中度。其计算公式如下:

$$CR_n = \sum_{i=1}^{n} X_i/X \times 100\% = \sum_{i=1}^{n} S_i \times 100\%$$

其中,X为某产业的销售总额,X_i为第i企业的销售额,S_i为第i企业的市场份额。例如,CR_3是指排名在集群内前三个企业且规模最大的企业占有的市场份额。同样,六个企业集中率(CR_6)、九个企业集中率(CR_9),以此类推。行业集中度与行业类型的关系如表5-5所示。

表5-5 行业集中度与行业类型的关系

行业集中度	行业类型		
CR_4或$CR_8<40\%$	竞争型行业	低集中竞争型	$20\% \leq CR_8 < 40\%$
		分散竞争型	$CR_8 < 20\%$
$30\% \leq CR_4$或$40\% \leq CR_8$	寡占型行业	极高寡占型	$CR_8 \geq 70\%$
		低集中寡占型	$40\% \leq CR_8 < 70\%$

CR_n的计算又可细分为以下两种情况:

(1) 已知该行业所占市场份额的情况下,其计算公式如下:

$$CR_n = \sum_{i=1}^{n} S_i$$

其中,S_i表示为第i企业所占的市场份额,n表示为该行业中企业的总数。

(2) 已知该行业的企业的员工数量、经营范围、产值、注册资金等的情况下,其计算公式如下:

$$CR_n = \frac{\sum (X_i)_n}{\sum (X_i)_N}$$

其中,i表示为第i企业的员工数量、经营范围、产值、注册资金等;n表示为排名在产业集群内前几家且规模最大的企业数;N 表示为集群内的企业总数。

(二) HHI 指数

HHI 指数的含义是：该指数给行业中每个企业一个市场份额权数 S_i,而 S_i 就是该企业所占的市场份额本身。HHI 和行业集中度成呈正相关性,行业集中度随 HHI 指数的增加而增高,随 HHI 指数的减少而降低。可以看出,大企业的权数较大,市场份额也比较充分。其计算公式下：

$$HHI = \sum_{i=1}^{n}(100\% \times X_i/X)^2 = \sum_{i=1}^{n}(100\% \times S_i)^2$$

其中,i 表示为第 i 大企业的员工数量、经营范围、产值、注册资金等;n 表示为排名在产业集群内前几家且规模较大的企业数;N 表示为集群内的企业总数。HHI 指数和行业类型的关系如下表 5-6 所示。

表 5-6 HHI 指数和行业类型的关系表

HHI 指数	行业类型
$HHI > 30\%$	高寡占型行业
$18\% < HHI \leqslant 30\%$	较高寡占型行业
$14\% < HHI \leqslant 18\%$	较低寡占型行业
$10\% < HHI \leqslant 14\%$	低寡占型行业
$5\% < HHI \leqslant 10\%$	竞争型行业
$HHI \leqslant 5\%$	完全竞争型行业

六、中埠锚链产业集群度测定

(一) 集群内企业数据

目前中埠锚链产业有 10 家龙头企业,从 10 家龙头企业中选取前 8 家龙头企业作为测定对象,具体情况如表 5-7 所示：

表 5-7　企业简介表

企业	成立年份	员工数量（人）	注册资金（元）	经营范围	产值(元)
1	2015	60	5000000	锚链、船用配件	150000000
2	2011	44	2000000000	锚链、船用配件	45000000
3	2010	37	5500000000	锚链、船用配件	8000000
4	2009	28	3000000000	锚链、船用配件	3000000
5	2007	32	1230000000	锚链、机械设备	340000000
6	2014	48	220000000	锚链、船用配件	6700000
7	2012	29	56000000	锚链、机械设备	24000000
8	2013	45	45000000	锚链、机械设备	300000000
9	2015	34	78000000	锚链、机械设备	470000000
10	2016	57	150000000	锚链、机械设备	3000000000

（二）数据测度及结论

1. 行业集中率

$$CR_8 = \sum_{i=1}^{8} X_i / X \times 100\% = 53.2398\%$$

计算得中垾锚链产业集群内销售总额 = 1646700000

由测度结果可知,低集中寡占型行业集中率的范围为 $40\% \leqslant CR_8 < 70\%$,中垾锚链产业为低集中寡占型,说明中垾锚链产业不够集中,集群内的企业缺乏分工与合作,企业之间的竞争力较强。为了保证测度的准确性,又采用了产业集聚度指标进行测度。

2. 产业集聚度

$$HHI = \sum_{i=1}^{8} (100\% \times X_i / X)^2 = 151.2211\%$$

由测度结果可知,高寡占型产业集聚度的范围为 $HHI > 30\%$,中垾锚链产业为高寡占型集聚产业,集群行业内大企业的竞争实力较强,同时引导中小企业前进发展,带动整个中垾锚链产业集群的发展。

第六章 中埠锚链产业集群的层次分析

通过前文分析,我们可以界定当前中埠锚链产业集群处于快速成长阶段向成熟阶段转变的过程。同时,中埠锚链产业集群的发展受到很多因素的影响和制约,这些因素来自集群内部或者外部环境。为了对这些问题进行深入分析,并针对主要问题提出解决对策,本章将运用层次分析法对影响和制约中埠锚链产业集群发展的因素进行权重排序。

第一节 层次分析法概述

一、层次分析法的概念

由于社会系统的复杂性,过去人们只能凭主观和经验进行判断和决策,缺乏科学性。随着系统工程的产生,一些数学工具如数理统计方法,数量经济模型等在社会经济系统各个方面的决策中得到广泛而深入的应用。这主要是由于利用数学模型对问题进行分析,目的性强,可在计算机上进行计算和仿真。但是研究人员耗费了大量的时间、物力、财力建立的复杂的数学模型,用大型高速计算机求得模型的解,并以此为根据制定的规划有时却由于难以执行而失去价值,决策中总会有大量因素无法定量地表示出来,运筹学重新回到研究人员的视野。在这种背景下,美国匹兹堡大学教授萨蒂于 20 世纪 70 年代中期提出了著名的层次分析法(Analytic Hierarchy Process,AHP)。

层次分析法是一种把定性分析与定量分析相结合的分析方法,它将难以定量的总目标进一步分解,利用可精确化、定量化的子目标系统解决问题,并且能有效地测度子目标定量判断的一致性。层次分析法本质上是一种决策思维方式,利用这种方式把复杂的问题分解为各个组成因素,将这些因素按照支配关系进行分组以形成有序的递阶层次结构,通过两两比较判断的方式确定每一层次各种因素的相对重要性,然后在递阶层次结构内进行合成得到决策因素相对于目标的重要性的总顺序。层次分析法体现了人们决策思维的基本特征。因此,层次分析法自问世以来,受到了决策者的欢迎。

层次分析法的基本原理是排序,即最终将各方法(或措施)排出优劣次序,作为决策的依据。层次分析法首先将决策的问题看作受多种因素影响的大系统,这些相互关联、相互制约的因素可以按照它们之间的隶属关系排成从高到低的若干层次,叫作构造递阶层次结构。然后对各因素两两比较重要性,再利用数学方法,对各因素层层排序,最后对排序结果进行分析,辅助进行决策。

层次分析法具有定性分析与定量分析相结合的优点,它将人的主观判断用数量形式表达出来并进行科学处理。因此,它更适合复杂的社会科学领域的情况,能较准确地反映社会科学领域的问题。同时,这一方法虽然有深刻的理论基础,但表现形式非常简单,容易被人理解和接受,层次分析法在实践中有着较为广泛的应用。

二、层次分析法的基本方法与步骤

层次分析法的分析过程首先是一个"先分解后综合"的过程,应用其进行决策时一般包括以下几个步骤:① 建立层次结构;② 构造判断矩阵;③ 层次单排序;④ 判断矩阵的一致性检验;⑤ 层次总排序;⑥ 整体一致性检验。

(一)建立层次结构

在应用层次分析法进行评判决策时,首先必须建立决策问题的层次结构。层次分析法把复杂问题分解简化的关键就在于建立合理的层次结构,而合理的层次结构是在对问题深刻分析和决策目标意图的充分理解的基础之上建立起来的。建立层次结构的过程分为四步:确定决策目标;罗列出与该目标相关的各种因素;分析这些因素间的逻辑关系;绘制决策的层次结构图。这些层次大致分为四类:① 最高层,这一层次只有一个元素,一般而言,它是分析问题的预定目标或理想结果,故也称为目标层;② 分目标层,这是目标层的进一步划分,一般由 2~3 个元素组成;③ 中间层,这一层次包括了为实现目标所涉及的中间环节,故也称复合指标层;④ 最低层,表示为实现目标可供选择的各种措施、决策方案等,因此也称为措施层或具体指标层。

一个典型的层次结构如图 6-1 所示,整个层次分析法的计算过程都是围绕着层次结构图展开的,首先需要获得层次结构中最底层因素的权重,其次再求得因素间的权重,然后逐层向上计算关于上一层因素的权重,直至得到各方案的综合权重。

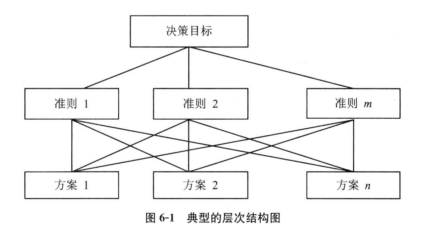

图 6-1 典型的层次结构图

(二)构造判断矩阵

在建立层次结构以后,应采用层次分析法中的相对评价方法对各因素进行两两比较。将各指标对上一级指标的重要程度分别进行比较,并做定量化的标度:

U_1 与 U_2 相比,有同等的重要性,则用 1 标度;

U_1 与 U_2 相比,U_1 比 U_2 稍微重要,则用 3 标度;

U_1 与 U_2 相比,U_1 比 U_2 明显重要,则用 5 标度;依次类推,得到 7 和 9 标度。

另外,为了提高精确度,进行比较时把介于同等重要与稍微重要之间用 2 来标度,介于稍微重要和明显重要之间用 4 来标度,以此类推。这样总共得到 9 个标度,如表 6-1 所示:

表 6-1　层次分析法标度表

标度	两者重要性比较
1	两指标相比,同等重要
3	两指标相比,前一个指标比后一个指标稍微重要
5	两指标相比,前一个指标比后一个指标明显重要
7	两指标相比,前一个指标比后一个指标强烈重要
9	两指标相比,前一个指标比后一个指标极端重要
2、4、6、8	取上述相邻判断中的中间状态

为了获得各层次的判断矩阵,笔者通过发放调查问卷的方式请专家进行打分,这些专家为熟悉中埠锚链产业集群发展影响因素的大学教授、政府工作人员、企业管理人员以及在校研究生等。他们的意见具有一定的代表性和权威性。判断矩阵的构成为:其中,r_{ij} 表示因素 a_i 相对于 a_j 的重要性程度。

$$A = \begin{bmatrix} r_{11} & r_{12} & \cdots & r_{1n} \\ r_{21} & r_{22} & \cdots & r_{2n} \\ \vdots & \vdots & & \vdots \\ r_{n1} & r_{n2} & \cdots & r_{nn} \end{bmatrix}$$

获得了各个专家的判断矩阵之后,笔者对 n 个专家的打分进行综合处理,即进行综合评判。综合评判通常有两种方法:① 得出综合判别矩阵 A;② 是直接得出综合权重向量 $\overline{w}$,其中综合判别矩阵 A 的元素 r_{ij} 和综合权重向量 $\overline{w}$ 中的元素 $\overline{w_i}$ 可以用几何平均法获得,公式为

$$r_{ij} = \sqrt[n]{\prod_{k=i}^{n} r_{ij}^k}$$

$$\overline{w_i} = \sqrt[n]{\prod_{k=i}^{n} \overline{w_i^k}}$$

式中,r_{ij}^k 表示第 k 个专家给出的评判矩阵的元素,$\overline{w_i^k}$ 表示由第 k 个专家的评判

矩阵得出的第 i 个因素的权重。n 为参与打分的专家的个数。笔者将运用第一种方法，即将 12 位专家的不同的评判矩阵进行几何平均得出综合的判断矩阵 A。

（三）层次单排序

基于上述判断矩阵用特定方法估算出排序向量。估算排序向量的方法有方根法、和法、幂法等。笔者选择其中较精确的方根法，即分别用各行的 n 个元素求连乘积，再对结果开 n 次方作为分量，然后再进行归一化处理。

（四）一致性检验

在实际操作中判断矩阵由专家评估或通过历史数据得出。但通过所构造的判断矩阵求出的特征向量（权值）是否合理，需要对判断矩阵进行一致性和随机性检验，检验公式为：$CR=CI/RI$，式中 CR 表示判断矩阵的随机一致性比率；CI 为一致性指标；RI 为随机一致性指标。其中 CI 的计算公式为

$$\lambda_{\max} = \frac{\sum_{k=1}^{n}(AW)^k}{nw^k}$$

其中，w^k 为特征向量中的第 k 个元素，$(AW)^k$ 为 A 与 W 乘积所得向量的第 k 个元素，n 为矩阵阶数。$\lambda_{\max}$ 的值越是接近判断矩阵的阶数 n，判断矩阵的一致性就越好。一致性指标检验公式为

$$CI = \frac{\lambda_{\max} - n}{n - 1}$$

CI 越小，说明一致性越大。考虑到一致性偏离可由随机原因造成，因此还应引入随机一致性指标。用随机的方法从 1—9 标度中任取数字可构成一个互反矩阵，该互反矩阵的一致性指标就称为随机一致性指标，记为 RI。RI 有若干个计算版本，各版本间由于构造的随机互反矩阵的个数不同而略有差异，本书选用萨蒂的计算结果，他构造了从 1 阶到 11 阶的各 500 个随机互反矩阵，计算出的 RI 如表 6-2 所示。

表 6-2 *RI* 阶数对照表

阶数	1	2	3	4	5	6	7	8	9	10	11
RI	0.00	0.00	0.58	0.90	1.12	1.24	1.32	1.41	1.45	1.49	1.51

当阶数 n 大于 2 时就有必要进行一致性检验，由此计算出随机一致性比 $CR=CI/RI$，当 $CR<0.1$ 时，即认为判断矩阵具有满意的一致性。

（五）层次总排序

层次总排序就是计算各层元素对目标层的合成权重。合成权重的计算要自上而下，将单准则下的权重进行合成。

假定已经算出第 $k-1$ 层上 n_{k-1} 个元素相对于总目标的排序权重向量 $W^{(k-1)}$，第 k 层上 n_i 个元素对第 $k-1$ 层上第 j 个元素的层次单排序权重向量为 $p_j^{(k)}=(p_{1j}^{(k)},p_{2j}^{(k)},\cdots p_{nj}^{(k)})^\mathrm{T}$，那么第 k 层上元素对总目标的合成排序向量可以由下式给出：

$$W_i^{(k)} = \sum_{j=1}^{k-1} p_{ij}^{(k)} w_j^{(k-1)}$$

第二层上元素对总目标的排序向量实际上就是单准则下的排序向量。

六、整体一致性检验

同时，应从上到下对各层进行一致性检验，即整体的一致性检验。若已求出以 $k-1$ 层上元素 j 为准则的一致性指标 $CI_j^{(k)}$，平均随机一致性指标 $RI_j^{(k)}$ 及一致性比例 $CR_j^{(k)}$，则 k 层的综合指标 $CI^{(k)}$，$RI^{(k)}$ 及一致性比例 $CR^{(k)}$ 应为

$$CI^{(k)} = (CI_1^{(k)},\cdots CI_n^{(k)})W^{(k-1)}$$

$$RI^{(k)} = (RI_1^{(k)},\cdots RI_n^{(k)})W^{(k-1)}$$

$$CR^{(k)} = \frac{CI^{(k)}}{RI^{(k)}}$$

当 $CR^{(k)}<0.1$ 时，认为层次结构在 k 层水平以上的所有判断具有整体满意的一致性。

第二节　制约中埠锚链产业集群发展的指标体系

设置指标体系便于进行实证分析,严谨的构建原则使得指标更加规范,合理反映出锚链产业集群的特征,使得分析研究更加精确,所以设置指标体系时要符合以下基本原则:

（1）可获得性原则。指标体系所涉及的指标数据获得的难易程度不同,因此在设计指标时应该在现有的统计体系范围内,结合实际情况,选择能够搜集到的有价值的指标。

（2）系统性原则。产业集群所涉及的相关因素在整体中有着不可或缺的作用,同时也不与其他因素重合,应该多角度、全方位地去考察集群的各种效应。

（3）科学性原则。在构建指标体系的时候,要结合中埠锚链产业集群的实际情况,以实际存在的统计数据为依据,并在搜集数据的过程中层层筛选,科学、客观地选取能够产生集群效应的最为合适的指标。

中埠锚链产业集群由快速成长向成熟的产业阶段过渡会受到很多因素的制约,笔者将这些因素分为内部和外部因素。其中内部因素主要指由于集群以及集群内企业自身原因对整个集群未来的发展带来影响的因素;外部因素是指由于集群外部环境的发展变化给整个集群发展所带来的影响,并能够左右集群内企业做出决策的各种因素,这些因素可以来自政府或者资源环境以及集群所在地的经济发展和投资状况。它们对中埠锚链产业集群的发展产生严重的阻碍。

遵循层次性与系统性、全面性、细分性、数据可获性及合理有效性等原则,在前文分析的中埠锚链产业集群发展中存在问题的基础上,本书设计了制约中埠锚链产业集群发展的影响因素的指标体系,包括内部因素、外部因素两个层面,其中,外部因素的分析从三个方面进行细分,内部因素则从六个方面进行细分,在此基础上又进一步进行了更深层次的细分,共产生了二十三种制约中埠

锚链产业集群发展的因素,具体见图 6-2、图 6-3:

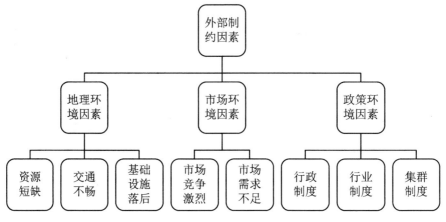

图 6-2 外部制约因素结构图

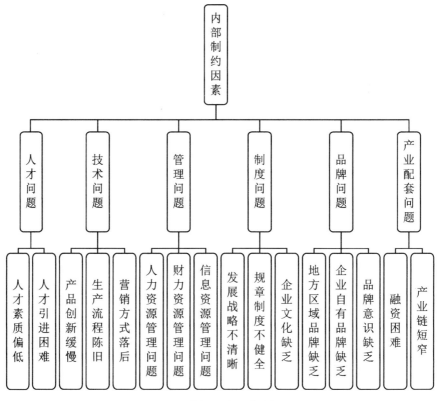

图 6-3 内部制约因素结构图

第三节 问卷的设计和数据的收集

一、问卷的构建

本书采用调查问卷的方式,对中垾锚链产业集群制约因素指标体系进行层次分析所需要的数据进行收集和分析。问卷主要包括三个部分,第一部分是问卷的说明,第二部分主要根据第五章第二节中所列举的制约因素进行重要性评判,第三部分是有关调查者的性别、年龄、学历、工作单位、职务等信息。对于制约因素的重要性评判,设计成矩阵表格的形式让参与调查者进行重要性比较。

二、数据的收集

问卷主要发放给熟悉中垾锚链产业集群发展制约因素的大学教授、政府工作人员、企业管理人员以及在校研究生等,他们的见解具有一定的代表性和权威性。此法调查共发放问卷100份,其中中垾锚链产业集群中相关企业高层管理人员35份,中垾镇政府工作人员15份,巢湖市政府工作人员10份,合肥市政府工作人员5份,巢湖学院等高校教授(教师)20份,企业管理专业在读研究生15份,最终我们收回了88份问卷,其中有效的问卷有81份,有效问卷的回收率为81%。

对于本问卷的有效性和准确性,由于问卷的调查对象对问卷问题的回答基本上是建立在主观评价之上,因此可能会导致问卷结果出现偏差,笔者认为主要有以下四个基本的原因可能会导致问卷对象对题项作出非准确性的回答:① 对象不知道所提问题答案的信息;② 对象不能回忆起所提问题答案的信息;③ 虽然知道这些问题答案的信息,但是对象不想回答这些问题;④ 对象不能理解所问的问题。对于第一种原因,本研究的调查对象主要是熟悉中垾锚链产业集群发展制约因素的大学教授、政府工作人员、企业管理人员以及在校研究生等。他们对问卷所问问题比较了解;对于第二种原因,有一些问题是需要对象靠回忆完成的,但大部分问题可以从集群内大多数企业目前的现状推出,因此这方面的问题存在较少;对于第三种原因,问卷开头已说明本问卷结果仅用于学术研究,并且承诺对问卷的一切信息保密,而且问卷在结尾告知调研对象,如果对调研结果感兴趣,请填写电子邮件地址,我们将会对研究内容和结果的电子版通过电子邮件的方式发送给他们,作为回答问卷的感谢;对于第四种原因,经过了小样本预调研后,对有可能出现的难以理解的名词、问项以及容易引起歧义的地方,在正式的问卷中都做了说明和修改,已尽量排除由于不理解或误解问题而得不到正确的问卷结果的可能性。

表 6-3 层次分析法问卷标度表

问卷的标度值	问卷中两者重要性比较的说明
1	问卷中的两指标相比,同等重要
2	重要性介于标度值 1、3 之间
3	问卷中的两指标相比,前一个指标比后一个指标稍微重要
4	重要性介于标度值 3、5 之间
5	问卷中的两指标相比,前一个指标比后一个指标明显重要
6	重要性介于标度值 5、7 之间
7	问卷中的两指标相比,前一个指标比后一个指标强烈重要
8	重要性介于标度值 7、9 之间
9	问卷中的两指标相比,前一个指标比后一个指标极端重要

第四节　中埠锚链产业集群发展制约因素的层次分析

一、层次分析法的基本分析步骤

（一）建立层次分析结构

（1）确定目标层 A：中埠锚链产业集群发展的制约因素。
（2）确定复合指标层 B：内部制约因素、外部制约因素。
（3）确定具体指标层 C：对内部制约因素、外部制约因素进行进一步的划分，包括 8 种制约因素。

（二）构造判断矩阵

在完成中埠锚链产业集群发展的制约因素的层次结构图构建后，我们接着对上述同一层次的各元素关于上一层次中某一准则的重要性两两进行比较，从而产生了判断矩阵，并在接下来确定上、下层次之间各元素间的隶属关系。

$$M = \begin{bmatrix} a_{11} & a_{12} & \cdots & a_{1j} \\ a_{21} & a_{22} & \cdots & a_{2j} \\ \vdots & & & \vdots \\ a_{i1} & a_{i2} & \cdots & a_{ij} \end{bmatrix}$$

（三）层次单排序

利用方根法进行单层次排序，即分别用各行的 n 个元素求连乘积，再对结果开 n 次方作为分量。

$$m_i = \sqrt[n]{\prod_{j=1}^{n} a_{ij}}$$

然后再进行归一化处理。

$$w_i = \frac{b_i}{\sum_{i=1}^{n} b_i}$$

(四)进行一致性检验

(1) 计算最大特征根 $\lambda_{\max}$

$$\lambda_{\max} = \frac{1}{n} \sum_{i=1}^{n} \frac{\sum_{j=1}^{n} M_{ij} W_j}{W_i}$$

(2) 计算一致性指标 CI 的值

$$CI = \frac{\lambda_{\max} - n}{n - 1}$$

(3) 根据 RI 阶数对照表(表6-4)查找 RI 的值

表6-4　RI 阶数对照表

阶数	1	2	3	4	5	6	7	8	9	10	11	…
RI	0.00	0.00	0.58	0.90	1.12	1.24	1.32	1.41	1.45	1.49	1.51	…

(4) 计算随机一次性比 CR 的值

$$CR = \frac{CI}{RI}$$

通过上述公式进行计算,当我们得出的 $CR < 0.1$ 时,就可以认为判断矩阵具有满意的一致性。

(5) 进行层次总排序和整体一次性检验

$$CR = \frac{a_1 CI_1 + a_2 CI_2 + \cdots + a_n CI_n}{a_1 RI_1 + a_2 RI_2 + \cdots + a_n RI_n}$$

通过上述公式进行计算,当我们得出的 $CR < 0.1$ 时,就可以认为层次结构在 k 层水平以上的所有判断在整体上具有满意的一致性。

二、基于层次分析法对相关制约因素进行权重排序过程

根据前文的分析,某些制约因素已经影响到中埠锚链产业集群的发展,为了针对这些制约因素提出相应的解决对策,在对这些问题进行深入分析前,我们将利用 AHP 对八种有关中埠锚链产业集群发展的制约因素进行权重排序,以便对制约中埠锚链产业集群发展的因素进行针对性地分析:

(一)中埠锚链产业集群制约因素的层次指标设计

笔者在分析影响中埠锚链产业集群发展诸多制约因素基础上,遵循 AHP 的系统性、全面性、层次性、细分性、数据可获得性以及合理有效性等原则,设计了层次指标体系,包括内部因素与外部因素两个层面:内部因素主要是对中埠锚链产业集群中相关企业对未来发展可能带来影响的潜在自身因素,外部因素主要是由于中埠锚链产业集群的外部环境变化带来的影响。其中,内部制约因素细分为六个方面,外部制约因素细分为两个方面,如表 6-5 所示:

表 6-5 中埠锚链产业集群发展中制约因素的层次结构

目 标 层	复合指标层	具体指标层
中埠锚链产业集群发展的制约因素(A)	内部制约因素(B_1)	产品质量问题引发危机(C_1)
		集群内未能形成良好的合作关系、同质化现象严重(C_2)
		融资困难(C_3)
		内部相关制度不健全(C_4)
		未能够抓住良好机遇(C_5)
		人才配置不合理(C_6)
	外部制约因素(B_2)	本地区外竞争激烈(C_7)
		行政制度尚不健全(C_8)

(二)中埠锚链产业集群制约因素的指标体系的层次分析

1. 对判断矩阵进行构造、单层排序、一致性检验

对于矩阵 A~B 指标的重要性系数进行判断,根据上节公式,可得对矩阵

A—B 指标的重要性系数判断的计算表,如表 6-6 所示：

表 6-6 对矩阵 A—B 指标的重要性系数判断的计算表

A	B_1	B_2	m_A	w_A	一致性检验
B_1	1	4	2	0.8	二阶矩阵不用进行一致性检验
B_2	1/4	1	0.5	0.2	

对矩阵 B_1—C 指标的重要性系数进行判断,根据上节公式,可得对矩阵 B_1—C 指标的重要性系数判断的计算表,如表 6-7 所示：

表 6-7 对矩阵 B_1—C 指标的重要性系数判断的计算表

B_1	C_1	C_2	C_3	C_4	C_5	C_6	m_{B1}	w_{B1}	一致性检验
C_1	1	1/3	1/3	1/2	1/3	2	0.5774	0.0877	
C_2	3	1	3	1	1	3	1.7321	0.2630	$\lambda_{max}=6.3780$
C_3	3	1/3	1	1/2	1/2	1	0.7937	0.1205	$CI=0.0756$
C_4	2	1	2	1	1/2	1	1.1225	0.1705	$RI=1.24$
C_5	3	1	2	2	1	2	1.6984	0.2579	$CR=0.0610$
C_6	1/2	1/3	1	1	1/2	1	0.6609	0.1004	<0.1

对矩阵 B_2—C 指标的重要性系数进行判断,根据上节公式,可得对矩阵 B_2—C 指标的重要性系数判断的计算表,如表 6-8 所示：

表 6-8 对矩阵 B_2—C 指标的重要性系数判断的计算表

B_2	C_7	C_8	m_{B2}	w_{B2}	一致性检验
C_7	1	2	1.4142	0.6667	二阶矩阵不用进行一致性检验
C_8	1/2	1	0.7071	0.3333	

通过上述三步计算,我们可以得出上述判断矩阵的 CR 值均小于 0.1,这说明我们之前构造的判断矩阵是可以信赖的。

2. 根据上述结果进行 AHP 的重要性排序,并进行整体一致性检验

根据上节公式,可得 C 层对于 A 层的重要度计算及检验表,如表 6-9 所示：

表 6-9 C 层对于 A 层的重要度计算及检验表

A \ C	分目标层权重 (w_B)	具体指标层权重 (w_C)	总权重 (w_C)
W_1	0.8	0.0877	0.0702
W_2	0.8	0.2630	0.2104
W_3	0.8	0.1205	0.0964
W_4	0.8	0.1705	0.1364
W_5	0.8	0.2579	0.2063
W_6	0.8	0.1004	0.0803
W_7	0.2	0.6667	0.1333
W_8	0.2	0.3333	0.0667

根据上节公式计算,可以得出整体 $CR<0.1$,所以系统拥有整体满意的一致性,结果可以信赖。

三、基于层次分析法对相关制约因素进行权重排序结果及分析

根据前文的计算,我们按照各个制约因素的重要性程度对数据重新进行整理,得到了中埠锚链产业集群发展中制约因素的重要性排序表,如表 6-10 所示:

表 6-10 中埠锚链产业集群发展中制约因素的重要性排序表

名次	各 种 因 素	重要度
1	集群内未能形成良好的合作关系、同质化现象严重	0.2104
2	未能够抓住良好机遇	0.2063
3	内部相关制度不健全	0.1364
4	本地区外竞争激烈	0.1333
5	融资困难	0.0964
6	人才配置不合理	0.0803
7	产品质量问题引发危机	0.0702
8	行政制度尚不健全	0.0667

综上所述,首先,中垾锚链产业集群内未能形成良好的合作关系和同质化现象严重是制约中垾锚链产业集群发展的最主要因素;其次,产业集群内部企业未能够抓住良好机遇,相关制度不健全,融资困难也是制约其发展的主要相关因素;地区外竞争激烈等外部因素也在一定程度上对集群发展起制约作用。此外,集群企业内部人才配置不合理,产品质量问题引发危机以及外部的行政制度不健全也对中垾锚链产业集群的发展有着一定制约,只是相对于上述制约因素而言,程度上影响较小。

第七章　中埠锚链产业集群发展战略与对策研究

第一节　国内外锚链产业集群的比较分析

一、德国切姆西特锚链产业集群

（一）集群简介

德国切姆西特锚链产业集群是欧洲锚链产业的集聚地之一，位于欧洲最大的工业区——德国北莱茵-威斯特伐利亚州的鲁尔区。集群内设有6个区，产品销售遍及欧洲所有国家。切姆西特锚链产业集群内共有300多家锚链制造工厂和60家跨国企业，从业人员总数超过3.7万人，生产的普通锚链以及特种锚链产品达1000多种。入驻该集群的企业有斯贝克、德萨、罗门哈斯、萨比克和萨索尔等锚链公司，这都是世界上最著名的锚链生产企业。他们生产的产品占据了德国国内锚链市场70%的份额，欧洲市场10%的市场份额，德国切姆西特锚链产业集群是名副其实的德国锚链产业之城。

（二）成功因素

(1) 交通环境优越。切姆西特锚链产业集群临近欧洲最大的内陆港口德国杜伊斯堡,靠近科隆航空港和杜塞尔多夫国际航空港,拥有优越的交通环境。

(2)产业集群的一体化。切姆西特总面积140平方千米,锚链产业集群面积115平方千米,归属不同的投资者,其中斯贝克锚链集团占地14平方千米。集群内所有的企业,无论大小,在集群内部都能形成一体化,即生产装置互联、上下游产品互供、管道互通、投资相互渗透,从而使资源得到充分利用。在集群内部,生产企业与独立产品研发公司的关系,冶炼、机械加工公司与锚链生产企业的联系、交流,都为化工区企业提供了具有竞争性的服务价格和合理的公用工程,企业之间依靠规范的运作机制,从而达到企业间长期稳定的协作。这样做不仅有利于企业稳定地扩展自己的经营优势,减少竞争对手,减少科研经费投入风险,更有利于分散投资风险。

(3)产业技术的升级。集群内部不断进行产业技术升级,有力地促进了产业链的完善、产品结构的调整,成为切姆西特锚链产业集群占领国内外细分市场,突破特种锚链高端市场,对接不同市场需求的制胜利器。

二、宜兴市官林锚链产业集群

(一)集群简介

官林镇是宜兴市的重要工业区域之一,也是我国较大的锚链行业集聚生产基地。截至2007年,官林镇已拥有各类电线锚链生产企业及铜材加工、锚链生产、锚链辅助材料、锚链制造设备等相关企业400余家,锚链行业的销售量约占全国销售总量的20%,其中年销售超15亿元以上企业4家,超5亿元以上企业5家,超亿元以上企业20多家。全镇有中国名牌产品1个,省级名牌4个,市级名牌20多个。集群内有国家级高新技术企业2家和江苏省高新技术企业5家,拥有锚链专业高级工程师20多名,各类中级技术人员300多名,专业职业技术培训学院一所。集群内企业不但在全国各中等以上城市都有销售点,而且产品还远销至南非、欧美及东南亚等国家和地区。

(二)成功因素

从产业集群的生命周期来看,官林锚链产业集群已经步入了成熟阶段,具有得天独厚的竞争优势。

（1）区位优势。宜兴市是沪宁杭都市圈的重要节点城市，其下属的官林镇的2小时经济圈覆盖了上海、南京、杭州、苏州和无锡等16个大中城市，近1亿人口。这是一个巨大的、充满潜力的区域空间。

（2）交通和物流优势。官林镇区域性交通枢纽，航空、铁路、公路和水路运输方便快捷，依靠海关直通点，建立了快捷的货物大通关体系。

（3）资源优势。官林镇有较好的土地规划，土地资源相对充足，能够较好满足龙头型、产业链带动型投资项目的用地需求，同时在各工业区内，还集中建设了一批能适应各类产业需求的标准厂房，供中小项目落户发展。

（4）产业优势。宜兴正在步入工业化的中后期，已形成了以锚链、电缆、化纤织造、环保设备、精细化工、服装服饰、机械铸件、陶瓷等为主的产业集群，尤以锚链为最。官林镇锚链从业人员近5万人，拥有总资产近200亿元，年产出约占全市总量的三分之一，并形成了完整的锚链产业链，行业门类齐全、布局合理、协作配套能力较强。

（5）人力资源优势。宜兴市文化底蕴深厚，人才辈出，宜兴籍教授遍布全国各大学，有"无宜不成校"的佳话。宜兴市有锚链技术培训学校，各大中专院校也开办了锚链专业，人口素质指数位居江苏省前列，每年有数千名学子学成返乡就业，同时也吸引着锚链业内的技术人员和熟练的操作人员，甚至一批国内锚链专家级人才在宜兴锚链业集聚。例如远东集团，一批国内知名技术专家在这里扎根，为其出谋划策。远东集团还设立了宜兴首个博士后工作站。

（6）基础设施优势。宜兴加大电源与电网建设，建造了多座大型火电站，拥有110千伏以上变电所数十座，拥有多座三峡输电工程500千伏变电站，用电高峰期也能确保供电。宜兴目前已形成完善的集水、制水、排水于一体的水务体系。工业集中区基本实现了集中供热、供气，可供蒸汽品位高，参数齐全。随着国家"西气东输"工程管线的贯通，企业可以直接获得质优价廉的天然气。

（7）开放园区优势。宜兴有桃园工业区、中国锚链城、宜兴环保科技工业园、宜兴经济开发区等产业园区，园内"七通一平"全部到位，集聚了众多企业。园区基础设施较完善、土地集约利用水平较高、资源配置效率较好。

（8）政府服务优势。宜兴市全面实行服务承诺制，建立岗位责任制、服务承诺制、限时办结制、首问负责制、失职追究制等,建立"一条龙"服务体系,并且大力加强法治环境建设和服务设施建设,大力培育发展一批法律、会计、咨询等中介组织。

三、青岛市即墨锚链产业集群

(一)集群简介

青岛市即墨区位于中国山东半岛西南部,东临黄海,与日本、韩国隔海相望,南依崂山,近靠青岛。即墨区共有7个镇、8个街道,总人口121.45万人。锚链产业是即墨区七大产业之一,青岛市约80%的锚链企业集中在即墨区,目前该区域共有电线锚链企业18家,其中年产值超亿元企业3家。2017年,规模以上电线锚链企业实现产值100亿元,包括青岛永祥锚链有限公司、青岛正扬锚链有限公司、青岛万成锚链有限公司、青岛长隆海工锚链有限公司等知名锚链企业。

(二)成功因素

(1)区域品牌效应。没有品牌支撑,就不能形成强大的竞争力。青岛市大力营造品牌氛围,全力打造品牌文化,使区域品牌和产品品牌相得益彰,通过品牌提升集聚,壮大产业集群。继2010年青岛永祥锚链有限公司荣获"中国驰名商标"和全国行业十大畅销品牌之后,2013年,青岛正扬锚链有限公司的品牌也先后荣获中国驰名商标,品牌的集聚效应已初步形成。同时,青岛市即墨区锚链产业集群以青岛即墨锚链行业协会为主体,申请注册"青岛即墨"集体商标,并对使用"青岛即墨"统一标识的产品加大集群内质量监管,精心保护区域品牌。

(2)上下游产业链完善。集群内充分发挥"青岛即墨"锚链名牌的知名度和影响力,建立合作分工、协作配套的集群合作生产体系,形成龙头带动和辐射效应。此外,当地政府每年策划一批产业链的关键环节和薄弱环节项目推出对外招商引资,对投资规模大、上下游关联度高、相应配套能力强的项目,实行优惠项目供地、重点项目申报、税收留成返还等特殊优惠政策扶持。从而不断的有外地企业进入集群使集群内的上下游产业链不断完善。

（3）人才支撑平台健全。青岛即墨区依托当地工业技术学校，积极采取短训、定向培养、中高级研修等方式，加强产业管理人才、技术人才的培训，为产业集群长远发展培养大批多层次合格人才。

同时，依托青岛财智高峰论坛、中小企业创业培训平台，每年不定期邀请专业研究机构、高等院校的专家学者，采取专家论坛、专题讲座、诊断咨询等形式，进行内容丰富、形式多样的产业技术交流和项目合作。

（4）构建金融服务平台。当地政府定期召开当地银企联席会，建立银企互动平台，鼓励银行创新培育产业集群的信贷品种和服务手段，鼓励有条件的企业上市，鼓励担保公司向产业集群企业担保，支持产业集群担保业的发展。

（5）组建锚链行业协会。采取企业自愿入会的形式，按市场化运作的方式组建锚链协会，充分发挥协会中介服务作用。

四、江苏省泰州锚链产业集群

（一）集群简介

泰州市是江苏省地级市，位于江苏省中部，南部濒临长江，北部与盐城毗邻，东临南通，西接扬州。全市总面积5787.26平方千米。其中，亚星锚链位于泰州市靖江，江苏亚星锚链股份有限公司的前身为1981年创建的靖江锚链厂，2008年6月，改制为江苏亚星锚链股份有限公司，产品市场定位以国际市场为主，继续保持和扩大船舶建造和航运业销售份额，开拓海洋石油工程行业，产业转型升级，开发新产品，亚星锚链凭借R5系泊链站行业最高端，目前亚星锚链是世界上最大的船用锚链和海洋系泊链的生产企业。在亚星锚链的带动下，区域内的锚链企业陆续成长起来，包括泰州市欣龙锚链、江苏正远锚链、江苏澳海锚链等企业。

（二）成功经验

（1）打响集群品牌。为了进一步扩大泰州锚链行业的影响，泰州积极打造

"中国锚链城"这一品牌。在国内叫响区域品牌，对宣传一个地方的特色经济极有好处，更为关键的是区域品牌叫响后，还能产生产业的集聚效应，最大化地实现资源配置。

（2）积极引进外资和外国先进的锚链生产技术。泰州市政府这几年不断改善投资环境并出台优惠政策，积极吸引外资，支持当地锚链业的发展。

（3）龙头企业的带动作用。作为集群内龙头企业的亚星锚链对泰州锚链产业的拉动作用明显，它与集群内其他企业展开多方面的联系，形成了紧密的合作关系。在订单充足，来不及生产的时候，亚星锚链会以自己的名义把订单接下来，发给产业集群内其他锚链企业生产。

（4）科研力量雄厚。集群内拥有国家级企业技术研究中心和博士后科研工作站，并与上海、西安等地数十家科研院所开展科研合作，研发力量雄厚。目前区域内已形成研发力量共享、研发成果互通的局面，其增值作用不可低估。

五、启示

在锚链产业集群建设中，如不考虑地区特色和资源环境，饥不择食地乱拉项目、乱建工厂，最终很难形成真正的集群优势。只有统筹规划，有所为有所不为，才能依托自身地理和产业优势，形成分工有序、相互协作、各具特色的产业集群发展格局。前文介绍的国内外四个锚链产业集群各自都有独特的发展优势和特点，总体来说，德国切姆西特锚链产业集群最大优势在于集群内部企业可以实行"一体化"生产装置互联、上下游产品互供、管道互通、投资相互渗透，从而使资源得到充分利用；官林宜兴市锚链产业集群注重的是人力资源和环境优势；青岛市即墨锚链产业集群注重的是区域品牌效应；江苏省泰州锚链产业集群注重的是龙头企业的带动作用。

这四个锚链产业集群之所以发展得如此成功，有着许多共同的特征，以下这些也是一个成功的锚链产业集群必须具备的条件：

（1）完善上下游产业链，大力发展与锚链生产相配套的相关产业。

（2）拓展融资渠道，当地政府或者行业协会积极与银行等金融机构沟通，鼓励银行创新培育产业集群的信贷品种和服务手段，鼓励有条件的企业上市，合理利用增资扩股,股权转让,批准发行债券等融资手段,鼓励担保公司向产业集群企业担保。

(3)强化产品创新,加快产业技术升级。加大对产品开发和科研的投资力度,发展高端电线锚链产品,用技术创新推动企业发展。集群内部不断进行产业技术升级,促进产品结构的调整。

(4)注重品牌建设。品牌建设是产业集群取得成功的关键。产业集群的品牌建设有两条途径:一方面,凭借核心企业的优势,围绕核心企业的品牌进行,使原有的品牌美誉度更加扩大化并且带动新的品牌出现;另一方面,众多相对独立的企业以产业优势为依托,以地方特色为旗帜,共同塑造区域品牌。没有品牌优势,也难以形成网状式集群,只能各自赶集式地摆地摊,不可能共赢。

(5)重视人才。地方可以通过高等院校和职业学校加大人才的培养,同时积极引进外地的高素质的技术和管理人才。

(6)发挥当地政府的促进作用。当地政府为了集群发展要积极营造良好的政策氛围,投资基础设施建设改善投资环境,用税收减免等优惠政策吸引外资和先进的生产技术。同时要完善服务体系,大力加强法治环境建设,完善服务设施,大力培育发展一批法律、会计、咨询等中介组织。

(7)培育壮大龙头企业,增强辐射带动作用。在集群内努力发展几个核心企业,由它们带动整个集群企业的发展。

(8)营造良好的产业集群发展环境。首先,按照区域经济"一体化"的发展思路,打破条块、区域分割,统筹功能布局,共建各种网络平台,做到公共设施尽可能共建共享,真正以市场规律配置各类要素资源。其次,重视软环境建设,在企业文化创新、企业信用建设、公平公正公开执法等各个方面,为企业群成长提供优质服务。最后,在区域内通过各种中介服务、政策服务,尽可能降低企业交易成本,以提升企业群的整体竞争力,促进产业集群的成长,不断增强产业集群对国内外资本的吸纳力和区域竞争力。

第二节　中垾锚链产业集群发展的 SWOT 分析

一、用 SWOT 分析中垾锚链产业集群

（一）优势（Strengths）

1. 劳动力成本

中垾镇隶属巢湖市,经济整体水平不高,总人口约为 3.3 万人,基层劳动力人数充足,人均工资低,使得中垾的劳动力成本与泰州、青岛等地相比,具有明显的优势。

2. 营销方式创新协同

企业在营销上的创新协同推动着中垾锚链产业集群持续升级和发展。在企业成立初期,这些企业家既是企业的领导者,也是企业产品的销售,甚至兼任原料的采购,在现有锚链企业高层领导者中 50% 以上曾经做过销售员。丰富的销售经验使这些企业家对市场环境更加熟悉,他们在制定营销策略上更容易摆脱因循守旧的传统观念,从实际情况出发,同其他锚链企业合作。

3. 规模经济效应初显

中垾镇锚链工业园区的建立吸引了众多锚链企业。园区内包括安徽省工力机械设备有限公司、巢湖群力船用锚链有限公司、巢湖市新辉机械有限公司等,这些企业不断扩大经营范围,从单纯生产锚链到航标浮筒、矿山建材等产品同步发展,产业配套不断完善,上下游产品不断开发,集群规模经济效应已初显。

4. 组织机制灵活

中垾锚链集群内全部是民营企业,各独立企业规模小,没有较为严格的制度规范,体制、机制较为灵活,经过多年的经营已经具有管理便捷、决策迅速、用人灵活等独特机制,对激励企业员工创新极为有利。

(二) 劣势(Weaknesses)

1. 产业链不完整

经过多年发展,中埠锚链工业园区内的基础配套设施已经有了巨大进步,但与江苏、青岛等地先进的锚链产业集群相比,相距甚远,不能满足市场需求变化及企业自身快速发展的要求。可以看到,大型锚链机组仅有一台船用公司7#机组,一台9#以上机组都没有。同时,内河用锚链及航标产品多,海洋用产品少,产业链亟待延伸扩展。

2. 产品高度同质化,品牌意识差

中埠锚链产业集群内企业大多规模较小、资金不足、创新研发能力差、高端人才少,这些因素使企业产品差异化不明显,市场的竞争强度大,难以创立独具特色的自主品牌,彼此陷入恶性竞争,削弱了产业集群的整体实力和再发展的能力。

3. 产品技术含量低

受到中埠镇经济发展水平限制,锚链从业人员整体素质较低,技术创新和体制创新方面远远落后其他产业群,影响产业结构升级。锚链高端产品系泊链等较高附加值的产品稀缺。

4. 园区承载能力不强

由于集群资金不足,规划建设中的锚链及矿山机械工业园区水、电、路、通信、餐饮、医疗等基础配套设施不能满足集群规模扩大的需求,基础设施的滞后性制约着现有锚链产业的发展。

5. 高精尖技术人才缺乏

中埠锚链产业集群内企业大多为本土民营企业,企业所有者文化水平不高,私人经营产生的非规范化现象普遍,多数企业负责人仅靠经验管理,缺乏科学性,对引进高端人才重视不足,很大程度上束缚了企业再发展。此外,区域经济实力弱,难以吸引高素质技术人才。多数乡镇工业企业受地域和资金等因素限制,难以寻找人才去实现由地方性企业向全国性知名企业发展的战略目标。有些企业还发生人才大量流失的现象。

(三) 机会(Opportunitioes)

1. 国内锚链需求不断增加

从整体上看,我国锚链行业需求仍然很旺盛。近年来,中国造船产量快速提升,刺激了配套产品锚链的生产需求。未来,我国对内河、海洋运输设备的要求会越来越高,锚链作为支持船舶航行的辅助工具,市场前景广阔。

2. 国家支持民营经济发展的政策

国家大力鼓励和扶持中小民营企业的发展,为此制定并出台了一系列政策。安徽省政府响应中央号召制定了扶持民营经济发展措施,中垾锚链产业是鼓励和扶持发展的对象之一,政策环境优越。巢湖市政府积极引导锚链企业重点向海洋锚链、航标浮筒、电子及汽车零配件、装备制造业等方向发展。同时,行业内法规制度建设渐趋完善,集群管理尤其是锚链工业园区内管理不断专业化和正规化。

3. 地理位置优越

在安徽省战略重新布局之后,环巢湖经济圈将获得更大的发展空间。随着环巢湖经济圈建设的加快以及产业转移的加速,中垾镇锚链产业依托既有的区位及产业优势,承接合肥等地的产业、资本、技术的转移。此外,中垾镇区内有淮南铁路、S105省道、滨湖旅游观光大道,交通便捷。此外随着巢湖半岛的建设,受到城市的经济辐射,具有靠城、靠路、靠湖三大独特区位优势。

4. 引进跨国锚链企业先进技术和管理经验

随着我国经济的快速发展,大量锚链企业实现"走出去"战略,与外企有更多业务交流,有更多的机会学习国外先进技术和管理方法,有利于产业集群的技术更新,促进产业结构优化升级,提高自身的竞争实力。

(四) 威胁(Therats)

1. 行业内现有竞争对手的竞争

中垾锚链产业集群的现有竞争对手主要是国内其他锚链集群,这些锚链集群一般在经济发展水平较高的城市,集群发展相对成熟,优势明显。

2. 潜在进入者的威胁

随着世界经济的一体化发展,中国庞大的市场需求将吸引更多的国外成功

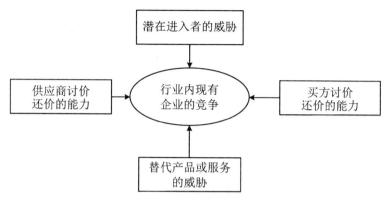

图 7-1 波特五力分析模型

锚链集群和跨国锚链公司,它们不仅仅是出口更具优势的产品,甚至会将生产转移到中国,这些企业大都掌握先进技术,产品质量优异,经营理念新颖,给中埠锚链集群带来更大的挑战。

3. 原料价格上涨

企业在原材料的采购上存在巨大隐患。由于采购渠道窄,中埠锚链工业园区内各企业在原材料采购上没有形成协同效应,无形中抬高了供应商在交易中的地位,使锚链企业面临原料价格上涨的威胁。

4. 行业利润下降

随着各国市场的不断开放,国际锚链市场可能出现供大于求的趋势,整个世界锚链行业的平均利润水平将会下降,我国的锚链行业也会受到巨大的威胁。随着锚链产品原材料、劳动力等生产成本的不断增加,整个行业利润更加微薄,竞争更加激烈。

表 7-1 中埠锚链产业集群的 SWOT 分析

	企业优势(S)	企业劣势(W)
内部条件	S1:劳动力成本优势 S2:营销方式创新协同 S3:初显规模经济效应 S4:机制灵活	W1:产业链不完整 W2:产品技术含量低 W3:产品高度同质化,品牌意识差 W4:园区承载能力不强 W5:高端技术人才缺乏,管理理念陈旧

续表

	环境机会(O)	环境威胁(T)
外部条件	O1:国内锚链需求不断增加 O2:国家支持民营经济发展的政策 O3:地理位置优越 O4:引进跨国锚链企业先进技术和管理经验	T1:现有竞争对手的竞争 T2:潜在进入者的威胁 T3:原料价格上涨 T4:行业利润下降

二、中垾锚链产业集群的战略选择

通过前文分析我们可以看出,中垾锚链产业集群的发展机遇与挑战并存,如何有效整合内部资源与能力,综合外部机会与威胁,是当下面临的重要难题,也是制定未来发展战略的重中之重。以下给出制定中垾锚链产业集群发展战略的四个角度。

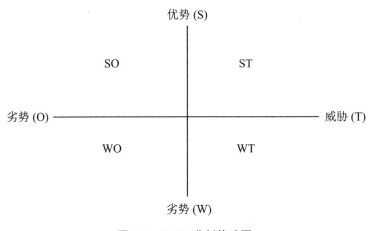

图 7-2 SWOT 分析战略图

（一）优势-机会(SO)战略

企业既有内部优势又有外部机会,可以实现增长性战略,把握好良好条件,尽可能提升集群的整体竞争优势。具体有以下战略：

1. 坚持产品技术创新的领先战略(S3、S4、O1、O4)

随着集群规模的扩大,外部需求的增加,中埠锚链产业集群内企业可以通过引进技术实现产品生产的创新,建立专利申请机制,向国际标准看齐,加大与高校、航海协会、科研院所合作。不仅生产低端市场畅销的产品,也可以生产高精尖端锚链,向高端的跨国市场迈进。如可用特种锚链、耐热钢钢链、高强度锚链、铸钢锚链等高精尖锚链产品取代普通锚链。

2. 提高生产线管理的现代信息化(S3、O2、O4)

当今,国家经济发展日益现代化、信息化,中埠锚链产业集群应该利用国家实施优惠政策的契机,加大步伐改善传统生产工艺,实现机械化生产。在管理体系上,向国内外知名企业学习,实现管理系统的信息化,引进ERP管理系统,建立包括采购、制造、销售、财务和库存在内的一体化信息管理系统。

3. 合理规划销售渠道(S2、S3、O3)

锚链产业集群内企业彼此在营销上的合作,使这些企业形成区域优势,企业可以利用地缘联系形成竞争合力,共同建立销售渠道,实现共同管理共同享用。竞合关系是现代企业生存之道,企业间既有为各自利益而相互竞争的必要,也需要为获得更大的利润而达成合作。集群内企业间合理规划销售渠道,可以帮助各企业充分发挥自身优势、节约资源,避免冲突和恶性竞争。

(二)劣势-机会(WO)战略

企业要善于利用外部一切机会来化解内部的劣势,先求得稳定,再寻求突破口。

1. 积极学习新技术,完善产业链结构(W1、O4)

中埠锚链产业集群内企业类型过于单一,产品种类不足,很难应对市场风险,企业应该大力引进技术,在经营好单一产品的同时,开拓新的生产链,积极完善集群内产业链结构。

2. 利用地域优势扩大规模,发展具有地域特色的品牌(W3、O3)

企业可以利用地理位置优势,发展独具特色的产品系列,拓展集群的规模,增加市场占有率,拓宽铺货渠道,增强集群影响力。努力创造具有特色的区域品牌和行业品牌。

3. 通过改善管理和政策诱导,引进域外高端人才(W5、O2、O3)

改变传统的选人用人标准,政府协同企业为人才引进提供优惠政策,如帮助解决住房问题、子女教育问题、提高福利待遇等,让人才被充分尊重,从而吸引人才。

4. 政府加大基础建设的投资(W4、O2)

随着中垾锚链产业集群规模的扩大,集群内旧的服务设施难以满足新的需要,政府应该大力投资建设,对陈旧设施进行更新换代,加大承载力。现在中垾锚链产业缺少技术交流氛围,这些单凭个别企业来独立完成是很难实现的,因此政府需要积极引导和支持。

(三)优势-威胁(ST)战略

ST战略要求利用内部优势资源整合来回避或者消除外部威胁,企业可以采用多元化战略来分散风险。

1. 实施成本领先或多元化战略(S1、T1、T2、T3、T4)

一方面,中垾锚链企业可以通过加强对内部的包括劳动力、生产、销售宣传等成本的控制,实行成本领先战略,从而更好地应对竞争威胁和全行业利润空间萎缩威胁。另一方面,也可以采用多元化经营,不仅生产锚链,同时也生产工矿器具、航海衍生工具等,有力应对市场风险。

2. 集群内部加强合作(S2、S3、T2、T3)

利益冲突可能带来竞争和资源争夺,为了克服威胁,中垾锚链集群内企业应该放下争议,深化合作和交流,通过联合形成规模优势共同抵御潜在进入者的威胁。这样既有利于资源的整合,也避免了重复生产、脱离市场,减少了浪费。

(四)劣势-威胁(WT)战略

WT战略要求企业尽最大可能扬长避短,减少内部劣势,降低外部威胁的影响。

1. 实行集中化战略,当市场的补位者(W4、T1、T2、T4)

在面临内外的不利时,锚链企业可以集中在优势领域实行专业化、集中化经营,将优势资源集中使用,经营其他企业忽视的市场,使企业避免与较强的竞争对手正面对抗。

2. 实行一体化战略，与供应商建立伙伴关系（W5、T3）

为了避免在原料采购中遇到分歧，危急原料供应量的稳定性，中埠锚链企业可以选择和少数几个信誉良好的供货商建立长期伙伴关系，通过契约联合共同承担损失、分享利润。

第三节 中埠锚链产业集群持续发展的建议

一、积极营造产业集群发展的创新环境

过去，中埠产业集群的发展中，各级政府均比较重视中埠集群内部的交通通信等基础设施和企业发展的硬环境建设。而我们在实际调查中发现，只有少数的被调查企业认为，改善交通和通信设施是营造产业集群发展环境的首要因素。实际上，硅谷等成功集群的发展实践表明，集群内的硬环境并不是创新的充分条件，企业发展的创新环境，更多地依赖于集群软环境的营造，即创造利于创新的社会文化氛围和技术企业发展的政策环境、制度环境、市场环境以及健全的法律服务体系等。

在政策环境方面，当前主要任务是：尽快修订鼓励跨国公司和国内大公司在中埠设立总部、地区总部、研发中心、采购中心、配送中心、结算中心的政策；有利于金融、保险、咨询、中介、物流等现代服务业发展的政策；限制行政性垄断的政策；加强对知识产权保护的政策等。加快制定和完善服务贸易领域吸收外资的产业政策。加快中埠地区银行、保险、电信、外贸、旅游等领域的发展速度。

在制度环境方面，要加快改革步伐，建立现代企业制度。在中埠的一些产业集群内，许多企业发展之初管理是依赖企业的创始人通过与亲戚朋友的合作而创立的，在企业发展壮大后，有的企业管理者顾及亲情关系，仍然保留家族式的管理模式。以这种管理模式为主的企业在集聚发展过程中，如果不注重自身的制度创新，企业的竞争力也难以提高。所以中埠集群内企业要改变传统的家

族式管理模式,要与外在的理性化制度相弥补,建立现代企业制度。激活企业内持续创新的源泉,从而形成企业内永久的创新文化。

现代企业法人制度的核心是使企业拥有法人财产权,通过建立资本金制度和资产经营责任制,把自负盈亏的责任落到企业,促使企业根据市场供求关系和价值规律,支配、使用、处置自己的资产,盘活资产存量,实现有效增值。现代企业组织制度有效地实现了出资者所有权和法人财产权的分离,让真正懂得现代企业经营管理的高级人才去管理企业。现代企业的管理制度要求企业建立组织机构、用工制度、工资制度、财务制度、股东大会制度、董事会和监事会制度。随着企业的发展需要,中埠锚链集群内企业迫切需要建立现代企业制度,管理也必须向深层次扩展,进一步加强细化及专业性的管理,引入包括质量管理、财务管理、成本管理等在内的先进管理方法与思路,尽量以制度规范企业,减少发展初期个人控制的管理方式。推动企业文化建设,打造具有自身特色的企业文化,以提升企业的竞争软实力。同时,加强改革创新,引入职业经理人制度,以及员工内部股权制度等相应的手段,激发企业活力。通过聘请职业经理人加强企业管理,对经理人实行年薪制,并建立业绩考核体系,进一步完善企业的管理模式规范化程序,促进企业持续健康发展。通过引进外来人才参与管理,提升企业的管理层次与管理水平,改变企业固有的小规模家族企业的形象,为企业的形象提升和跨越式发展提供条件,使其较之原有同规模企业更好的实现品牌与企业的发展跃升。

在市场环境方面。有序竞争的市场环境是产业集群内企业的竞争与协作发展的基础,政府应立足于打造和谐有序的诚信竞争环境推进区域内产业集群的发展。推动诚信体系建设是政府改善产业集群发展环境的重要方面。尤其是针对产业集群所特有的集群内部企业失信问题,政府应及时建立信用档案、并在适当时机推出信用评级制度,提升产业集群内部企业的信用意识,进而创造良好的信用平台与诚信合作氛围。

二、提高集群内企业的技术创新能力

知识经济的今天,低廉的劳动力和丰富的自然资源等初级生产要素已逐渐失去其传统的竞争优势,要降低生产成本,促进集群发展,加强技术创新是一个重要途径。考虑到目前中埠锚链产业集群的产业结构,其创新模式主要分为三种:率先创新、模仿创新、技术守成。中埠锚链产业集群正逐渐从模仿创新的阶段向率先创新过渡,因此我们需要进行市场购买和合作开发。新科技、新产品的开发和创新是产业集群延长生命周期的决定性因素,是企业的竞争优势得以发展和提高的力量之源,同时也是国家和地区在集群带动下促进经济飞速发展和可持续发展的核心推动力量;企业之间积极竞争,争夺销售市场,研发和技术创新已成为企业生存和发展的关键,没有核心技术的企业,很难在市场竞争中拥有一席之地。技术开发和创新也是产业集群进行产业结构调整和升级,获取稳定的竞争优势,提高产业竞争力的重要保证。

要充分借助国家鼓励研发的产业科技政策及中埠镇政府颁布的一系列优惠政策,积极引导中埠市集群内企业与各个科研机构、大学开展相关产品和技术的研发项目。尤其要专注于那些对当地产业集群核心竞争优势形成直接关联的技术的研发和推广,以便最大可能获取由技术扩散引起的产业联动效益。中埠锚链产业集群要充分利用自身现有的条件,在高新技术产业区内,规划一个配套设施完善的研发基地,以集群内企业集团的技术中心为依托,通过加大产学研合作力度,加强与国内外企业、大学及科研机构的交流与合作,逐步建立起完整的技术创新体系,要重视中埠锚链区域性制造基地与高新区国际研发基地之间的衔接,防止科技链与产业链脱节,以产业项目为结合点,创造出高效的技术创新机制。要实行以人为本的科学管理方式尊重人才,重视人才,合理利用人才,努力营造吸引人才、激励优秀人才的工作和生活环境。

三、人才问题、发展环境问题及外来企业的根植性问题

中埠锚链产业集群的发展,首先要建立在两个平台之上:一方面,需要改善中埠的软硬件环境,这方面内容包括制度环境、投融资环境、产学研合作机制、生态环境等;另一方面,发展更广意义上的支持与相关产业,而非仅仅发展与电缆直接相关的产业,包括教育产业、研发机构、行业中介机构等。在两方面的基础上,中埠锚链产业集群需要不断引入高素质的人才,同时,提高当地居民的文化水平。当具备了人才、环境、支持与相关产业的支持后,企业的研发部门自然会迁移进来或凭借当地的人才系统就能形成。

集群内企业在研发方面依赖于当地高素质人才系统,比依赖于当地低成本的生产工人的稳定程度要高得多。随着集群内企业研发机构的迁入或形成,企业之间在研发方面的协作也容易实现,而协作是形成集群创新能力的重要机制之一。因此,在外界竞争压力与内部协作机制的协调下,中垾锚链产业集群充满着创新的活力。只有具有这种创新的活力,中垾锚链产业集群才能实现可持续性的发展。而有了集群内企业对这种创新活力的依赖性,则集群内部显得更加稳定,也更具有吸引力。

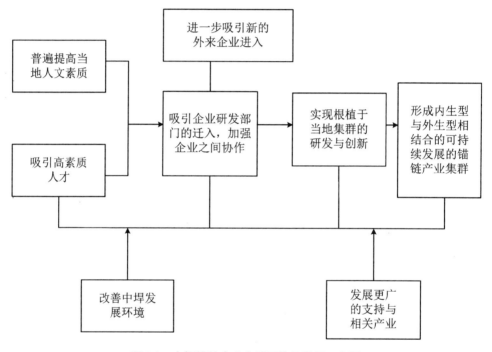

图 7-3　中垾锚链产业集群可持续发展示意图

集群内各个民营企业要重视科研创新,设立相关的研发部门,增加科研经费投入,寻求与高层次高水平的科研院所的合作。科研创新主要有三种类型,即原创型创新、集成型创新和模仿型创新。民营企业发展需要从一开始的模仿型创新走向集成型创新最终走向原创型创新。地方政府应该积极引导建立孵化器,不断促进科研创新;政企应该一起营造一个吸引人才的环境,使得人才愿意到中垾镇来工作、发展、实现自己的人生抱负。

四、强化机群内中介组织的作用,完善社会化服务系统

社会中介组织尤其是一些相关的行业协会对于产业集群的发展升级具有不可替代的作用。行业协会协调和管理作用的充分发挥,可以为中小企业产业集群发展提供必要的支撑与辅助作用。社会中介组织在现有运行过程中存在的话语权较弱、中介功能不强等问题,究其根本在于中介组织的运行模式不适应产业集群发展的需要。因此必须根据需要探索适应产业集群化发展的各类社会中介组织,建立产业集群内的新型组织形式,改变原有的行业协会等自律型组织的"虚位"形象,改变服务型中介组织"缺位"的现象。必要时借助政府财政转移及政策扶持来支持行业协会的正常运作。

行业协会中的服务性中介组织通过中介服务产业化,发挥中介桥梁作用,对产业集群中的中小企业作用显著。规范这类组织有赖于政府对其相关制度的建设与规范化引导,建立严格的规范体系并需要在此基础上建立长效的监督机制,进而使这类行业协会为中小企业产业集群提供较为专业化的社会服务,弥补中小企业因自身资源、条件不足所受的限制,为这些企业的发展提供智力资源和保障以促进产业集群的良性发展。行业协会等行业自律性中介组织,搭建统一的平台是其发挥作用的关键。政府需要在资金、人员方面予以支持,进而辅助行业自律组织的建立。尤其是促进以行业自律和行业互助为目的的服务机制的形成,推进企业之间技术交流与信息共享方面的资源互补平台的建立与完善,为企业提供生产工艺改进和产品创新所需要的信息和技术,弥补集群内企业由于自身规模小,技术积累相对较弱造成的技术改进和产品创新所需知识的不足,推进集群有序发展。

而当前制约中埠产业集群成长的一个关键因素是中介服务和公共产品严重不足,满足不了集群成长的需要。要整体上提升集群企业的竞争力和实现产业升级,就要发挥集群中介机构以及一些准公共性组织,如营销协会、中小企业融资担保组织等的积极作用,积极利用中介组织促进中小企业的新产品开发设计和工艺改造、品牌推广、公共信息资源利用。中介机构如生产力中心、技术服务中心、专利服务中心、人才中介中心、其他由集群授权的非政府组织组成有机的集群学习网络平台,为集群内部各企业解决生产、技术、管理、人才、信息等各

方面问题提供支持。这类平台的建设是产业集群发展的基础,应纳入集群发展规划。

五、拓宽融资渠道,优化集群发展的外部政策环境

中小企业发展融资障碍是限制中小企业发展的重要因素之一。政府在融资平台建设、融资合作引导方面的功能的发挥,直接关系当地中小企业产业集群整体发展。鉴于中埠镇民营企业发展目前主要依靠自主融资的现状,必须积极探索多元化的投资渠道。建立民营企业贷款担保体系,政府设立中小企业担保专项资金。发展风险投资事业,尤其是在中埠锚链企业大多是高科技产业,高风险和高回报是联系在一起的,可以借鉴国外的经验发展风险投资。地方政府也要不断招商引资,这对于民营企业资金匮乏是一个有力的补充。

改善融资环境,可以为中小企业产业集群发展创造空间。如推动银政企合作,促进中小企业与专业机构和客户经理进行融资对话,推进银企对接,构建融资平台等可以有效地畅通融资渠道。创新金融品种与服务,可以增强金融对中小企业集群发展的支撑作用。政府应推进金融机构在金融服务方面的创新,如创新与简化贷款审批流程、扩大融资渠道等。政府应及时对规费收取及申贷程序等进行监督检查减轻企业融资成本,并通过政府与人民银行、银监会协调联动,缓解信贷梗阻现象,改善融资环境,优化融资平台。

创造宽松的政策环境是培育产业集群的另一个重要方面。如采取加大重大招商项目税收奖励力度,严格控制重大招商项目建设过程中的各项市级收费,对重大招商引资项目实行中介激励机制,对优化产业升级及转移的专项用地采取土地优惠等一系列激励性政策都可以为产业集群的发展创造可持续健康发展的土壤。同时,在对产业集群管理的过程中分类、分阶段管理,积极调整政策环境,是政府适应产业集群发展的重要途径。如在产业发展中后期就应以引导产业升级的相关政策为主,避免低水平的浪费式重复建设。对产业集群内企业则应以向产业价值链条上游转移为主要方向,推进产业集群整体升级。

六、引导完善产业链条,推进产业集群升级

培育龙头企业,促进产业集群扩容。中埠锚链产业集群的扩容以内涵充实这一路径为主。针对产业集群充实内涵这一需要,政府应以专业化分工促进产业链条延伸,在集群内重点扶植具有发展潜力的龙头企业,充当孵化器。同时,以龙头企业的技术进步及人才培养推进"知识外溢",强化产业"孵化功能",提高产业集群对外辐射能力。

提升产业集聚效应。中埠锚链产业集群的竞争力来自群内企业的组织程度和产业关联度,因此,产业集群的集聚效率是产业集群健康发展的重要指标。基于这一层面,政府需要做出相应的职能调整。最为关键的是明确定位产业集群的主产业链条。只有这样才能保证产业集群在主产业链下形成集聚,进而提升产业集群组织化程度和组织效率。同时政府应通过定期的产业政策规划与调整对相关产业发展进行选择性引导。

以政府服务方式创新为推手,推进中埠锚链产业结构升级。当地政府在管理上应注重向创造优化产业升级的环境上转移,通过多种形式进行有目的的推介和引进,将引导产业链条完善、创造企业间竞争与合作的环境与氛围、针对产业集群可能存在的内生性和外生性风险,建立和完善产业集群预警机制及引导集群内各类中介机构作为工作重点进行针对性的推进。注重对行业中介组织的规范、引导和管理工作,特别是技术信用管理的中介服务机构的监管。逐步建立政府、商会、行业协会等中介组织、企业之间的新型关系,在优化产业集群可持续发展的外部环境上下功夫。

七、加大品牌建设

品牌建设和产业集群发展是一个相辅相成、相互作用的过程。区域品牌是集群发展的产物,它体现了一个产业集群发展的周期阶段和集群的发展水平,品牌的附加值是产业集群竞争力的反映,高附加值的品牌可以进一步促进集群的发展和转型升级。区域品牌对产业集群的整体形象和产业集群的关注度都起到很大的提升作用,这样又能扩大产业集群的销售规模,提升产业集群竞争

力。产业集群是支撑区域经济发展的产业组织形式,我国产业集群的产品附加值低是一个常见的重要问题,这也是我国产业集群一直处于全球产业链低端的重要原因。区域品牌能提升集群产品附加值,实现产业链的升级。

中埠锚链产业集群目前在国内和国外都有不错的市场份额,顾客对中埠锚链信任度也很不错,但是品牌建设缺乏,还没有自己的统一品牌。中埠锚链产业应加大区域品牌的建设和推广,提高中埠镇知名度:建立一个统一、规范的锚链产品销售市场,把分散的锚链市场进行集中、统一,力图让所有的销售活动都在该市场内进行,这样方便对市场进行管理和控制,并对集群内企业进行整合,建立以龙头企业为主导,其他企业相辅的销售框架,让中埠锚链用一个共同的销售品牌进入锚链销售市场。利用"中埠"这个无形资产,建立固定的销售渠道,广泛设立销售代表处。同时,充分利用现代营销手段,进行网上营销,并主动开发国际市场,将自己的产品推向全世界。

第八章 结论与展望

产业集群作为经济社会发展中的一个极其重要的现象,深入研究其生成机制及其与经济社会发展关联,对经济布局和社会分工的合理化,优化资源配置,形成区域核心竞争优势和建立空间创新系统有着重要的意义。本书结论如下:

第一,本书从实践层面进一步揭示了产业集群的重要性。产业集群作为一种产业组织形式,无论是在发达国家还是在发展中国家,都已引起了高度重视。特别是近年来,随着经济全球化和区域一体化浪潮的掀起,产业集群在充分发挥分工优势和规模效应,提升区域创新能力和技术扩散能力,吸引区域外资源源不断流入等方面起到积极作用。但是,由于我国经济发展的特殊性,产业集群在推进我国市场化改革、进一步改革开放、大规模吸收劳动力就业和促进城市化发展方面发挥更加重要作用。本书在梳理产业集群相关理论的基础上,将环巢湖产业集群分为草根型产业集群、市场型产业集群、核心企业推动型产业集群和服务业型产业集群四种类型。针对每种产业集群详细分析其源起和生成机制,并选取有代表性的案例进行剖析,力求做到规范研究和实证研究相结合。虽然本书的研究立足于环巢湖地区,但是对全国其他各地产业集群的研究也有示范意义。对于东部发达地区来说,现有的产业集群的发展需要进一步提升、拓展,对于欠发达的中西部地区来说,应加强提高产业集聚度,加大承接国际及东部沿海地区产业转移力度。

第二,本书以环巢湖地区具有典型代表的中埠锚链产业集群为例,进行深入研究。用生命周期理论对中埠锚链产业集群的发展作了阶段性划分,得出中埠锚链目前处于由快速发展阶段向成熟阶段过渡的时期的结论。这对认清产业集群发展现状,认清集群发展过程中的缺陷提供了理论依据。通过分析得出了现阶段该产业集群所面临的主要问题。用问卷调查和层次分析法对中埠锚链产业集群现存问题进行了层次分析排序,最后得出了该集群目前面临产业链短窄、融资困难、产品创新缓慢、品牌意识缺乏、人才素质偏低等问题。通过对德国切姆西特、江苏宜兴、福建南平、江苏扬州这四个发展较成熟的锚链产业集群的比较分析,借鉴他们发展成功的经验,为中垾找出解决困扰自身发展问题的办法。用SWOT分析为中垾锚链产业集群进行了战略规划。

第三,本书具有理论指导意义。无论是国内还是国外,产业集群的相关理论研究都还处于一个成长阶段,很多问题的研究尚待深入,尤其是作为产业集群的基础理论的产业集群的形成和演化研究还相对滞后。理论来源于实践,反过来又能够指导实践,产业集群形成和演化理论的滞后,显然不利于发挥产业集群理论对实践的指导作用。某些理论已经不能解决我国发展过程中的实际问题,特别对于快速发展环巢湖地区来说,已经进入快速工业化的发展阶段,深入研究理论意义重大。本书通过对产业集群理论的深入研究,丰富和完善了产业经济学、区域经济学、城市经济学等学科理论,特别在产业集群理论的研究方面。从产业经济学角度看,任何事物都要经历一个诞生—成长—成熟—衰亡的生命周期过程,深入探讨产业集群的内在机制,可以判断其所处生命周期的哪一阶段,推断产品未来发展趋势,正确把握产品的市场寿命,采取一定的策略,延长其生命周期,发展较为成熟的产业集群从地区经济学角度看,作为一种空间经济现象,通过以产业为主抓手来培育环巢湖区域增长极,增强产业凝聚力,对于相对落后的环巢湖地区来说,崛起不仅仅依靠基于产业集群的内生力量,更大程度上嫁接外部力量,在技术层面拉开距离,实现跨越式发展。

因为笔者的理论和科研水平的局限性,使得本书存在很多不足,希望这些不足能在实践和后续的研究中不断得到修正与弥补。

第一,对中垾锚链产业集群发展阶段的分析,由于前人在这方面的研究很少,笔者对有关问题的把握可能不够精确,划分标准没有明确具体。

第二,由于笔者的知识积累、时间精力与研究能力所限,再加上数据、资料等收集上的困难,大部分数据都是来自专家的粗略估计,所以用层次分析法对中垾锚链集群现存问题进行分析排序过程中,可能会有所偏差。

虽然本书具有一定局限性,但同时也对今后研究此方面的问题有一定的借鉴意义。在本书研究的基础上,笔者认为进一步的研究应该集中于以下几个方面:第一,对产业集群各个发展阶段进行详细、深入的研究。第二,加强集群数据的收集,保证集群研究的顺利进行,同时更加详细、精确也是我们将来要努力的方向。第三,加强学术界与政府、企业之间的联系,全面分析中垾锚链产业集群发展过程中的问题,使产业集群能够健康快速发展。

参 考 文 献

[1] Cormick D M. Africa Enterprise Clusters and Industrialization: Theory and Reality[J]. World Development,1999, 27(9):153-156.

[2] Feldman. The Geography of Innovation:Economics of Science,Technology and Innovation [M]. The Netherland:Kluwer Academic Publishers,1994.

[3] Krugman. Development, Geography, and Economic Theory [M]. Cambridge: MIT Press,1997.

[4] 黄健康.产业集群论[M].南京:东南大学出版社,2005.

[5] 迈克尔·波特.国家竞争优势[M].李明轩,邱如美,译.北京:华夏出版社,2002.

[6] 孙东川,杨立洪,钟拥军.管理的数量方法[M].北京:清华大学出版社,2005.

[7] 陈剑锋,唐振鹏.国外产业集群研究综述[J].外国经济与管理,2011(8):22-27.

[8] 邓本宝.巢湖市槐林镇渔网具产业创新发展思考[J].安徽科技,2016(4):22-24.

[9] 贾明江,蔡继荣.企业集群发展阶段的探讨[J].软科学,2011(6):34-37.

[10] 江厚红.基于"钻石模型"的环巢湖地区体育旅游产业发展要素与机理研究[J].体育科研,2015(11):36-41.

[11] 李新春.企业家协调与企业集群:对珠江三角洲专业镇企业集群化成长的分析[J].南开管理评论,2006(3):49-54.

[12] 李勇,屠梅曾.企业集群的内在特性与竞争力[J].开发研究,2004(2):33-35.

[13] 梁彪.安徽省中埠锚链镇社会主义新农村建设之路的研究[J].安徽农业科学,2008(3):126-127.

[14] 刘家乐.环巢湖地区实现可持续发展探讨[J].巢湖学院学报,2007(6):65-68.

[15] 吕帅.全域旅游视角下的镇村旅游融合发展规划探析:以环巢湖国家旅游休闲区为例[J].城市建设理论研究,2018(3):17-19.

[16] 马正奇.基于比较成本学说的环巢湖农业产业结构调整研究:以巢湖市农业产业结构调整

为例[J].陇东学院学报,2015(3):101-104.
[17] 毛庆传.我国锚链行业发展的路径选择[J].时代经贸,2008(10):34-40
[18] 沙其富.环巢湖科技创新走廊产学研融合机制研究[J].中国高校科技,2019(7):75-78.
[19] 孙炜熔.南平市工业主导产业的选择[J].现代商贸工业,2012(11):58-61.
[20] 孙艳萍,胡开顺.基于区域集聚多动态联盟体系的产业集群模式[J].经济体制改革,2007(2):56-59.
[21] 谭寒冰.产业集群视角下中小企业存在问题及对策[J].农村经济与科技,2018(2):21-24.
[22] 王缉慈,童昕.简论我国地方企业集群的研究意义[J].经济地理,2001(10):550-553.
[23] 魏守华.产业群的动态研究以及实证分析[J].世界地理研究,2011(9):8-19.
[24] 文以璇,尤容容,赵祺.基于集群生命周期视角的中垾锚链集群发展阶段分析[J].时代金融,2018(7):296-297.
[25] 夏良康.基于层次分析法和模糊数学的创新型产业集群的评价研究[J].管理观察,2014(1):71-75.
[26] 杨晔.长三角技术扩散与跨区域产业集群互动发展:问题与对策[J].同济大学学报,2012(4):118-124.
[27] 伊长生,唐良玲,孙妍妍.县域产业集群的形成机制、制约因素及对策建议:以安徽高沟电缆产业集群为例[J].经济论坛,2017(12):70-73.
[28] 尹建华,苏敬勤.高新技术产业集群化与协同管理研究[J].科学学与科学技术管理,2002(9):13-16.
[29] 张龙文,杜文叶,怀珍.基于层次分析法的物流企业绩效评分模型[J].物流技术,2005(2):52-53.
[30] 赵祺.安徽省融入长三角经济圈的对策研究[J].鸡西大学学报,2015(5):63-66.
[31] 赵祺.巢湖市中小企业成长路径研究:基于产业集群资源视角[J].时代金融,2018(8):168-169.
[32] 赵祺.高沟电缆产业集群发展的SWOT分析及战略规划[J].巢湖学院学报,2010(9):36-39,49.
[33] 赵祺.槐林渔具产业集群的现状分析与对策研究[J].巢湖学院学报,2015(3):9-12,17.
[34] 赵祺.环巢湖特色产业集群发展制约因素研究:基于AHP对中垾锚链产业的实证分析[J].巢湖学院学报,2019(4):1-9.
[35] 赵祺,杨周萍.中垾锚链产业集群发展的SWOT分析及战略规划[J].巢湖学院学报,2017(4):5-9,19.
[36] 朱英明.江苏沿江产业集群可持续发展研究:扬州工业园为例[J].工业技术经济,2006(8):31-32